Eltern sein
kurz & geek

*Nicole Dornseif &
Maximillian Dornseif*

Beijing · Cambridge · Farnham · Köln · Sebastopol · Tokyo

Kommentare und Fragen können Sie gerne an uns richten:
O'Reilly Verlag
Balthasarstr. 81
50670 Köln
E-Mail: kommentar@oreilly.de

Copyright der deutschen Ausgabe:
© 2012 by O'Reilly Verlag GmbH & Co. KG
1. Auflage 2012

Bibliografische Information der Deutschen Nationalbibliothek
Die Deutsche Nationalbibliothek verzeichnet diese Publikation in der Deutschen Nationalbibliografie; detaillierte bibliografische Daten sind im Internet über http://dnb.d-nb.de abrufbar.

Lektorat: Susanne Gerbert, Köln
Korrektorat: Viviana Freyer, Köln
Satz: III-satz, Husby, www.drei-satz.de
Umschlaggestaltung: Michael Oreal, Köln
Produktion: Karin Driesen, Köln
Belichtung, Druck und buchbinderische Verarbeitung: fgb freiburger grafische betriebe; www.fgb.de

ISBN 978-3-86899-827-6

Dieses Buch ist auf 100% chlorfrei gebleichtem Papier gedruckt.

Inhalt

Einleitung

Warum dieses Buch?

Wir lieben alles, was mit Computern zu tun hat. Computer sind uns vertraut. Die verhalten sich genau so, wie wir es wollen. Meistens jedenfalls. Sie sind berechenbar. Sie befolgen klaglos alle unsere Instruktionen.

Aber Kinder sind anders. Wenn man ihnen etwas sagt, tun sie meist etwas ganz anderes. Oder eben gar nichts. Sie machen Dinge, die wir nicht verstehen. Sie halten sich nicht an Regeln und Instruktionen, jedenfalls nicht immer. Was man ihnen als Input gibt, ergibt nicht zwangsläufig den erwarteten Output. Sie sind einfach nicht berechenbar.

Außerdem kann man sich, wenn man Kinder hat, nicht mehr die meiste Zeit drinnen vor dem Computer verkriechen. Kinder müssen raus, zumindest müssen sie irgendwann in den Kindergarten, zum Arzt oder in die Schule.

Viele Leute werden Tipps und Erwartungen an dich herantragen, weil jetzt dieses Wesen bei dir wohnt. Sie wollen teilhaben an deiner Welt. Sie wollen sich einmischen. Egal, ob du willst oder nicht. Dieses Buch soll dir helfen, dich in diesen ungewohnten Situationen zurechtzufinden, dich vor Gefahren warnen und dir helfen, die Dinge einfach zu ignorieren, die nicht wichtig sind.

In diesem Buch geht es nicht darum, dir zu erklären, wie du deinem Kind beibringst, alle Rassen des Star Trek-Universums auswendig zu lernen oder es zu einem Programmiergenie zu machen. Es soll dir zeigen, wie du mit den Hürden des Elternseins trotz deiner eigenen Veranlagung zurechtkommst. Wo Fallstricke lauern. Wie es möglich ist, auch mit Kindern, in einer Gesellschaft voller Zwänge seinen eigenen Weg zu gehen. Wie du es schaffen kannst, deinem Kind den Spaß am Lernen nicht von der Schule versauen zu lassen. Wie du dein Kind dazu bringst, die Welt nicht so hinzunehmen, wie sie ist, sondern sie mit einem bisschen Fantasie und technischem Verständnis so hinzu-biegen, dass es passt.

Nicole & Maximillian Dornseif

KAPITEL 1

Dein Kind und du

Willkommen im Real Life

Wenn du Kinder hast, ist es leider unmöglich, nur noch im Dunkeln zum Einkaufen nach draußen zu gehen und dich für den Rest des Tages in einem verdunkelten Zimmer vor deinem Monitor mit koffeinhaltigen Getränken zu verschanzen. Kinder brauchen frische Luft, sagen zumindest die Leute in deinem Umfeld. Nein, und Fenster öffnen genüge nicht.

Also musst du mit deinem Kind raus, was sich ohnehin nicht vermeiden lässt, weil so ein Kind ja auch vom Arzt gewartet, den eigenen Eltern, sofern vorhanden, zum Testen vorgeführt werden will und irgendwann, weil es mal einen Kindergarten besuchen soll.

Draußen im Real Life also, wirst du wie in virtuellen Welten viele Charaktere finden, die nicht alle unbedingt friedlich sein müssen. Im Groben kannst du sie unterscheiden zwischen NPCs (Non-Parent-Characters), die Nicht-Eltern, OPCs (Other-Parent-Characters), die »anderen Eltern« und ÜPCs (ÜBER-Parent-Characters), »Über-Eltern«, Leute, die rangmäßig über den Eltern stehen, wie Ärzte, Erzieherinnen und Lehrer.

Ob sie eine Gefahr darstellen oder nicht, kannst du weder an ihrer Gruppenzugehörigkeit, noch an ihrem Aussehen ablesen. Aber es ist ratsam, bei allen auf der Hut zu sein.

Non-Parent-Characters (NPC)

Als du noch zu den NPCs gehörtest, fandest du naturgemäß auch alles seltsam, was im Zusammenhang mit dem »Elternsein« stand. Gute Bekannte oder Online-Freunde meldeten sich nicht mehr, seit sie Kinder hatten, oder hatten kein anderes Thema mehr außer ihren Sprösslingen.

Es wurden alberne Fotos herumgezeigt oder gemailt und Geschichten über Windelinhalte erzählt. Dinge, die dich nicht weniger hätten interessieren können. Es schien, als hätten diese kleinen Wesen ihre Gehirne geschmolzen oder sie wären bei der Geburt durch einen Bodysnatcher ersetzt worden.

Während du dich beim nächsten Mal mit deinen Kumpels zum Science-Fiction-Abend oder im Clubraum zum Coden triffst und du ihnen die Fotos deines Kindes zeigst, erkennst du in ihren ausdruckslosen Gesichtern, dass du dich mit einem Mal auf der anderen Seite befindest. Du bist keiner mehr von ihnen.

Du kannst natürlich so weitermachen, als würdest du nichts merken, und dich gelegentlich bei ihnen ausheulen über deine Kinder. Das kann dazu führen, dass sie irgendwann nur noch schweigen, wenn du von deiner Familie erzählst, und plötzlich nicht mehr das Telefon abnehmen, wenn du anrufst. Oder aber sie beginnen, dir Erziehungstipps zu geben. Schließlich ist das doch, was du eigentlich willst. Du willst, dass dir jemand zuhört und dir Ratschläge gibt. Leider sind Tipps wie: »Dann steck doch dein Kind einfach in die Badewanne, wenn es stinkt« oder »Dann gib ihm halt nix zu essen, wenn es nix essen will« irgendwie nicht so hilfreich.

Du hast also zwei Optionen: Entweder du beendest den Kontakt, bis sie selbst Kinder haben, um ihnen dann als kompetenter Ratgeber zur Seite zu stehen, oder du tust so, als wäre deine Familie von Außerirdischen entführt worden und sprichst nicht mehr von ihr.

Unbekannte Non-Parent-Characters (NPCs)

Wenn du mit deinem Baby im Kinderwagen in der Stadt unterwegs bist, werden viele NPCs und OPCs, meist der älteren Generation, dies als Einladung verstehen, dich zu beglückwünschen.

Glückwünsche reichen aber insbesondere einigen NPCs nicht, sie wollen an deinem Glück teilhaben und meinen, dies durch Berührung deines Kindes tun zu können. Ungefähr so, als wäre dein Kind ein Buddha vor einem Tempel, dem man nur über den Kopf streicheln muss, um das ewige Glück zu erlangen. Dass wildfremde NPCs in den Kinderwagen greifen und dein Kind anfassen, ist wirklich keine Seltenheit.

Aber selbst im Tragetuch sind deine Kinder nicht sicher. Selbst da können sich NPCs nicht zurückhalten und streicheln deinem Kind über die Wange. Am liebsten möchtest du den Tätern fest in die Backe kneifen und »Duziduzi« sagen, dich ekelt aber schon der Gedanke daran. Zum Glück werden die Kinder für NPCs uninteressanter, je älter sie werden. Denn dann werden sie nicht mehr als Glück, sondern als Belästigung empfunden, insbesondere wenn sie nicht von der stillen Sorte sind.

PRO-TIPP

Für Sportwagen und Fahrradhelme gibt es das schon: einen bei Gefahr blitzschnell hochschnellenden Sicherheitsbügel. Wenn du dich um die Welt verdient machen willst, entwickele sowas für das Kinderwagen-Dach, so dass das Ding zuschnappt, sobald ein Fremder seine Finger in den Wagen steckt.

Nicht ärgern solltest du dich über NPCs, die dir an der Supermarktkasse von ihrer Kindheit im Krieg erzählen und dir zu deinem über die mangelnde Süßigkeitenzufuhr an der Kasse weinenden Kind sagen, dass ihre Eltern solche Probleme früher mit einem Klaps gelöst hätten. Die passende Bemerkung schluckst du besser herunter.

Other-Parent-Characters (OPCs)

Ganz viel Freude bereiten auch Other-Parent-Characters, kurz OPCs. Anfangs bist du ahnungslos und saugst jeden Erziehungstipp auf, wie Google dein Nutzungsverhalten. Aber je mehr Erfahrung du mit deinem Kind gesammelt hast, desto lästiger und ärgerlicher werden diese Tipps.[1]

So spricht dich sicher über kurz oder lang eine Mutter im Kindergarten an und fragt dich freundlich: »Meinst du nicht, du solltest deinem Kind eine Mütze aufziehen. Es ist doch Herbst! Unser Sohn geht bereits seit einer Woche nicht mehr ohne Mütze aus dem Haus.« Du siehst aus dem Fenster: Sonne; ein unauffälliger Blick auf das Smartphone: 14 Grad. In Gedanken wünscht du dem Sohn herzliches Beileid bei einer solchen Mutter. Da du keinen Streit vom Zaun brechen willst, murmelst du etwas von »Hund Mütze gefressen. Erst neue kaufen«, und nimmst dein Kind an der Hand, bevor sie noch sieht, dass du vergessen hast, ihm heute Morgen Socken anzuziehen.

Beliebt sind natürlich auch Ratschläge wie: »Du musst das Kind auch mal schreien lassen, sonst wird es dich irgendwann immer terrorisieren.« Oder: »Wenn es nicht schlafen will, dann leg es ins Bett und lass es weinen, irgendwann schläft es schon ein. Haben meine auch gemacht.« Herzallerliebst auch Fragen wie: »Ist das denn auch gut für den Rücken mit so einem Tragetuch?« Wurde ich von einer Mutter gefragt, die ihr Kind ständig in seinen Maxi Cosi setzte, wenn sie mal Ruhe von ihm haben wollte.

Spielplatzmütter

Spielplatzmütter sind eine ganz besondere Art der OPCs. Sie treten häufig in Gruppen auf, haben Körbe mit Dinkelstangen und Trinkflaschen dabei und bringen Sandspielzeug von zu Hause mit. Spielplatzmütter haben nur ein Thema: ihre Kinder.

---

1   Passend dazu: *http://www.howtobeadad.com/2011/6110/shut-mouth*

Für sie ist vor allem eins wichtig, sich mit anderen zu messen: »Was? Dein Sohn kann noch nicht laufen? Der ist doch schon fast eins. Vielleicht solltest du mal zum Kinderarzt gehen.« »Hannes hat letzte Woche das erste Mal ›ich‹ gesagt, und er ist doch erst 14 Monate. Hach, er ist so intelligent.« »Meine Anna hatte schon mit 14 Monaten keine Windel mehr!« Dann

werden sie die neuesten Modekataloge auspacken, die neuesten Familienzeitschriften tauschen und sich für das Wochenende zum gemeinsamen Walken verabreden. Dabei trinken sie Chai aus der mitgebrachten Thermosflasche. Spielplatzmütter schaffen es, dich in wenigen Minuten an den Rand des Wahnsinns zu treiben. Du wirst dir vornehmen, sobald du zu Hause bist, zur Beruhigung erst einmal Plants vs. Zombies zu spielen, um dich abzureagieren.

Aber sei unbesorgt, viel reden werden sie mit dir nicht, denn schließlich warst du weder im Geburtsvorbereitungskurs noch beim Pekip-Kurs (Was ist das überhaupt?) dabei. Und den Baby-Schwimm- und den Baby-Massagekurs hast du auch nicht mitgemacht. Offensichtlich willst du nicht das Beste für dein Kind, warum sollten sie mit dir reden. Reden werden sie höchstens über dich. Es sei denn, du bist ein Mann. Denn dann werden sich alle Spielplatzmütter auf dich stürzen. Du wirst zur Beute. Schließlich muss ein neuer Mann für die Kinder her, weil die alte Beziehung schon längst in die Brüche gegangen ist. Wer wäre dazu besser geeignet als ein Mann, der bereits auf das Leben mit Kindern vorbereitet ist.

Die Kinder von Spielplatzmüttern sind genauso schlimm wie die Mütter selbst. Sie werden deinem Kind niemals ihr Schäufelchen abgeben und wenn keiner guckt, ihm noch eins damit überbraten. Dann werden sie weinen und erzählen, dass dein Kind sie zuerst geschlagen hat. Die Mütter werden ihr Kind in den Arm nehmen und dich mit bösen Blicken strafen.

Wenn die Kinder von Spielplatzmüttern auf ein Klettergerüst gehen, reißen die Mütter sich sofort aus ihren Gesprächen los, rennen zu ihrem Kind und retten es. »Ich hab dir doch gesagt, du sollst nicht da hoch klettern, das ist viel zu gefährlich!«, wirst du sie schreien hören.

Größere Kinder, die auf Spielplätzen oder in der Nähe mit einem Ball spielen, werden von Spielplatzmüttern immer argwöhnisch beäugt. Schließlich könnte ihr Kind den gefährlichen Ball an den Kopf bekommen. Meist gehen sie sogar so weit, den Kindern anzudrohen, ihren Ball wegzunehmen, sollte dieser noch einmal in die Nähe ihres Kindes rollen. Und sollten deine Kinder die Rutsche von der falschen Seite hochklettern, wundere dich nicht, wenn dein Mangel an erzieherischen Fähigkeiten von den Spielplatzmüttern kritisch kommentiert wird.

Besser meidest du Spielplätze großräumig und gehst mit deinem Kind in den Wald. Das ist entspannter für alle.

ÜBER-Parent-Character (ÜPCs)

ÜBER-Parent-Characters stehen sozusagen rangmäßig über dir. Das sind Leute, die neben dir Einfluss auf das Leben deines Kindes haben und deren Einfluss du dich nicht immer entziehen kannst. Du kannst ihren Rat zwar ignorieren, ihn dir anhören musst du aber in den meisten Fällen. Mehr über ÜPCs in den späteren Kapiteln.

Lautstärke vs. Stille

Das Erste, was du an deinem Kind vermissen wirst, ist sicher der Lautstärkeregler. Denn Kinder haben nur eine Lautstärke: ganz laut. Egal, ob sie dir etwas ganz Dringendes erzählen wollen, ob sie mit anderen Kindern spielen, alleine vor sich hin singen oder nur die Treppe herunter gehen. Kinder sind laut.

Vermutlich ist das so ein evolutionäres Überbleibsel, das sicherstellt, dass die Eltern immer wissen, wo ihre Kinder sind, und sie nicht aus Versehen vergessen. Wenn man es mal so betrachtet, ist es von Vorteil, dass Kinder so laut sind, denn man weiß überall im Haus oder in der Wohnung, was sie tun, ohne dass man sie direkt im Auge behalten muss. Funktioniert hier sogar, wenn wir drinnen sind und die Kinder im Garten.

Schlimm ist es nur, wenn du sie nicht mehr hörst. Natürlich wirst du zunächst die Stille genießen und den soeben erzeugten Fehler in deinem Code suchen wollen. Irgendwann wirst du dann unruhig. Das solltest du auch. Nach einer Weile kannst du dich gar nicht mehr konzentrieren. Visionen aus dem zuletzt gesehenen Horrorfilm schießen dir durch den Kopf.

Ganz so schlimm wird es vermutlich nicht sein. Denn wenn sie still sind, kann das auch bedeuten, dass sie keine Kapazität mehr haben, Geräusche von sich zu geben. Das heißt, sie sind sehr konzentriert mit etwas beschäftigt. Das können Dinge sein, wie auf der äußeren Fensterbank am offenen Fenster zu balancieren, sich selbst die Haare abzuschneiden oder die Katze zu rasieren. (Letzteres wohl nicht, da wäre wahrscheinlich die Katze laut.) Will heißen, wenn du unruhig wirst, und das ist auch gut so, geh besser gucken. Und sei auf alles gefasst.

Bei uns hatten wir in diesen stillen Minuten diverse Vorfälle mit Cremes. Einmal sehr viel Penatencreme großflächig auf einem unserer Kinder verteilt und einmal Wick Vapurub auf einer Stoffpuppe, dessen Fettspur und Geruch sich erstaunlicherweise über drei Waschgänge hielt.

Das mit dem Sitzen auf der Fensterbank am offenen Fenster hatten wir auch. Zum Glück nur auf der Innenfensterbank. Seitdem steht bei uns nie ein Fenster komplett offen, wenn sich keiner im Raum befindet. (Hätten wir natürlich auch vorher wissen können.) Und in all diesen Fällen waren unsere Kinder ungewöhnlich still.

Lifo statt Fifo

Wenn du, wie ich, jemand bist, der die Stille genießt, und gerne einsame Stunden vor deinem Rechner verbringst, wirst du dich mit einem Kind umstellen müssen.

Kinder reden permanent, und sie wollen pausenlos etwas von dir. Je mehr Kinder du hast, desto weniger Zeit vergeht zwischen verschiedenen Anfragen. Wenn du gerade dabei bist, die Schweinerei aufzuwischen, die Kind eins verursacht hat, zieht schon Kind zwei an deinem Ärmel und erzählt dir, dass Kind drei es gerade gehauen hat und du schimpfen gehen sollst. Gerne kommen zwei streitende Kinder auch gleichzeitig zu dir und bestürmen dich damit, was der andere jetzt gerade wieder gemacht hat.

Dein Stack füllt sich. Irgendwann wird das Fifo-Prinzip nicht mehr greifen, weil sich Anfragen wie »Ich muss mal Pipi!« einfach nicht aufschieben lassen. So wirst du zum Lifo-Prinzip übergehen müssen und die neuesten Anfragen zuerst abarbeiten.

Doch lass dich nicht aus der Ruhe bringen, irgendwann spielen sie alle wieder für eine Minute friedlich und du kannst die Sachen erledigen, die noch ganz unten auf deinem Stack liegen.

Stack Overflow

Es kann aber passieren, dass du einen Stack Overflow hast. Dann tut sich gar nichts mehr. Dein Gehirn fühlt sich an, als hätten Aliens es mit einer Strahlenkanone zu Brei verarbeitet. Ich wünschte, ich könnte sagen, diese Situation wäre unwahrscheinlich oder käme höchstens einmal im Jahr vor. Leider ist sie sogar recht häufig, vor allem, wenn du dich gerade auf ein wichtiges Problem konzentriert hattest, dein Stack also bereits fast voll war. Die Anzahl deiner Kinder spielt dabei auch nur eine untergeordnete Rolle.

Für diesen Fall ist es wichtig, sich bereits im Vorfeld einen Exception Handler zuzulegen, damit du nicht in unerwünschte Routinen wie zum Beispiel das Anschreien deiner Kinder verfällst. Eine gute Methode wäre sicher, in diesen Momenten den Raum zu verlassen, frische Luft zu schnappen oder aber zu denken, du stündest auf einem Bein auf einem Berggipfel und genössest die Aussicht. Was auch immer – Exception Handler sind wichtig.

Zwar können auch unerwünschte Programmroutinen den gewünschten Effekt haben, eben dass die Stille zurückkehrt. Aber deine kleinen Untereinheiten könnten doch zu Schaden kommen und eure Beziehung wird auf Dauer leiden.

Exception Handling braucht Übung, und es passieren im richtigen Leben, genau wie in Programmen, Dinge, mit denen man nicht gerechnet hat und bei denen der beste Exception Handler nicht greift. Das kommt in den besten Familien vor. Also: nicht grämen und am besten schnell wieder vertragen.

Wenn du Ruhe brauchst

Deine Kinder können sich wunderbar minuten-, manchmal auch stundenlang alleine beschäftigen. Aber das geht auf keinen Fall, solltest du telefonieren oder schlafen wollen. Das Klingeln des Telefons ist ein Signal für deine Kinder, ein sofort zu befriedigendes Bedürfnis zu bekommen wie »Mama, ich hab [Durst|Hunger]«, »Papa, der sowieso hat [mich gehauen|mir mein Lego weggenommen]! Du musst kommen!«.

Selbstverständlich tauchen während deines Telefonats auch ganz dringende Fragen auf wie: »Mama, glaubst du, morgen wird es regnen?« »Kannst du dir jetzt mal die Raumstation ansehen, die ich gebaut habe?« Deine stimmlosen Versuche »Ich telefoniere gerade« zu sagen, während du wie wild auf den Hörer zeigst, werden selbstverständlich ignoriert.

Die Dringlichkeit ihres Wunsches werden deine Kinder durch Zupfen an Kleidung oder Körperteilen noch deutlicher machen. Erst wenn du den Hörer zuhältst und dich ihrem Problem widmest, werden sie von dir ablassen. Meist hilft es, kurz zuzuhören und die Kinder auf später zu vertrösten. Das solltest du später auch nicht vergessen, denn Kinder haben bei solchen Dingen immer ein besseres Gedächtnis als du.

Je nach Schwere des Problems, ist es aber besser, deinen Anrufer zu vertrösten. Ruf zurück, wenn die Kinder schlafen oder ihre Oma besuchen. Von Telefonaten mit wichtigen Kunden, während deine Kinder zu Hause sind, solltest du einfach absehen.

Ähnliches gilt für das Schlafen. Du bist todmüde, weil du die ganze Nacht Server administriert hast oder von deinen Kindern wachgehalten wurdest? Sobald du auf dem Sofa zusammengebrochen bist, werden deine Kinder dies wie durch einen siebten Sinn wissen. Dann schleichen sie sich wie Ninjas an und versuchen zunächst freundlicherweise, dich leise zu wecken, werden aber lauter und handgreiflicher, je weniger du reagierst.

Manchmal funktioniert es, die Kinder im Vorfeld zu informieren, dass du jetzt eine Zeit lang Ruhe brauchst und in Kürze wieder ansprechbar bist. Länger als eine halbe Stunde funktioniert das aber auf keinen Fall.

Hast du Kinder, die mittags selbst noch schlafen, vertrödele die Zeit ihres Mittagsschlafes auf keinen Fall mit Aufräumen oder Arbeiten. Leg dich selbst hin. Abends arbeitet es sich ohnehin besser und aufräumen kannst du mit den Kindern zusammen.

Aus Sicht des Vaters: Intensiv bei der Sache

Du kannst dich sehr gut konzentrieren – manchmal. Und du machst gerne Sachen, die deine Fähigkeiten bis an die Grenze belasten. Das ist bei geistigen Tätigkeiten genauso der Fall wie beim Befestigen eines Badezimmerspiegels. Allerdings hast du irgendwie das Gefühl, dass die geistige Belastung beim Aufhängen des Badezimmerspiegels eher an deiner unterdurchschnittlichen Qualifikation liegt.

Leute staunen, wie viele Fenster du auf dem Bildschirm hast (und benutzt), wie viele Kilometer du im Urlaub am Stück fährst und dass du dir die Wartezeit am Bahnhof mit Vorlesungsmitschnitten über Quantenfeldtheorie verkürzt.

Kurzum: In diesem intellektuellen Macholeben ist kein Platz für Kinder. Wenn du über die Autobahn rauschst, dabei einen anspruchsvollen englischen Text hörst und gleichzeitig dein Tomtom rekonfigurierst, kann dich das Geplapper von der Rückbank über Windmühlen am Straßenrand wirklich fertig machen. *Dafür* ist in deinem Kopf nun echt kein Platz mehr.

Also bring deine Kinder dazu, dich in Ruhe zu lassen, oder schalte öfters mal einen Gang zurück. Wenn du konzentriert arbeitest und die Kinder verstört fragen »Papa, warum bist du sauer?«, dann haben sogar sie mitbekommen, dass in deinem Kopf grad kein Platz für deine Familie ist. Überleg dir aber gut, ob du das willst.

Papa, warum läuft dir Blut aus dem Ohr?

»Warum sind die Erbsen grün?« »Weil da Chlorophyll drin ist?« »Warum ist da ›Chollofüll‹ drin?« »Damit die Erbsen Photosynthese machen können.« »Warum machen die Erbsen ›Fososüntese‹?« »Damit sie Nährstoffe produzieren können.« »Warum produzieren Pflanzen Nährstoffe?« »Damit sie gut wachsen können.« »Warum wollen die Pflanzen gut wachsen?« »Damit die Menschen sie essen können.« »Warum ...«

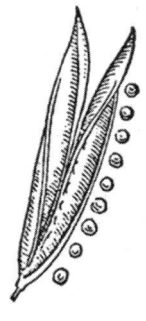

Sobald Kinder sprechen können, beginnen sie auch über die Sprache Dinge zu erforschen. Am Anfang werden das Fragen sein wie: »Was ist das?«, »Wie geht das?« oder »Was macht das?«. Je älter sie werden, desto mehr möchten sie den Dingen auf den Grund gehen, und dann beginnen sie mit den WARUM-Fragen.

Das Schlimme an Warum-Fragen ist, dass jede noch so gut gewählte Antwort eine weitere Frage produziert. Und es scheint, als würde dein Kind niemals müde, die nächste Warum-Frage zu stellen. Dieses Frage- und Anwort-Spiel kann sich über mehrere Stunden ziehen. Nach der 30. Warum-Frage möchtest du eigentlich nur noch »DARUM!« brüllen und hoffen, dass dein Kind endlich mit dem Fragen aufhört. Zumindest so lange, bis dein Gehirn wieder eine normale Betriebstemperatur hat.

Die Warum-Phase kann mehrere Monate anhalten und ist mit die schwierigste Phase im Zusammenleben mit deinem Kind. Du wirst dir nicht nur den Mund fusselig reden, nur um zu wissen, dass jede Antwort für Stunden eine weitere Frage produzieren wird. Dir wird auch schmerzvoll bewusst, wie wenig du selbst über die Welt da draußen weißt. Ist der grüne Farbstoff in Erbsen wirklich Chlorophyll? Und machen die Erbsenschoten echt Photosynthese? Und genau die Fragen, die dein Kind stellt, sind oft die Fragen, die selbst das Internet dir nicht beantworten kann.

Die beste und hilfreichste Methode, mit Warum-Fragen umzugehen, ist, die Frage an das Kind selbst zurückzugeben. »Was glaubst du denn, warum die Erbsen grün sind?« »Weil der liebe Gott sie angemalt hat?« »Das könnte sein, und warum noch?« »Weil sie schimmelig sind?« »Ja, die Erbsen könnten grün sein, weil sie schimmelig sind« (Besser essen wir sie nicht!). So könnt ihr gemeinsam viel Spaß damit haben, euch die abstrusesten Antworten auszudenken, und die Fragestunde kann jederzeit von dir nach einer Antwort des Kindes beendet werden.

Aus Sicht des Vaters: Kinderfragen

Du denkst, dass dich deine Kinder nicht so schnell an die Wand diskutieren können. Aber sei gewarnt: Nach dem Frage-Alter kommt das Schwierige-Fragen-Alter.

Was soll's, du bist dialektisch geschult und Flamewar-erprobt! Und wie jeder gute Nerd weißt du auch, dass du vieles nicht weißt, und kannst das durchaus zugeben.

Du willst dein Kind nicht zum Atheisten erziehen. Und dann passiert sowas:

Kind: »Es gibt keinen Gott. Das Universum wurde durch eine große Explosion erschaffen.«

Vater: (Na warte, du Wicht, so einfach kommst du mir nicht davon) »Und wer hat die Explosion gemacht, Herr Neunmalklug?«

Kind: (überlegt) »Gut, es mag einen Gott gegeben haben, der den Urknall verursacht hat, aber der ist jetzt tot.«

Vater: (fehlen die Worte)

Gleichzeitig ist man versucht, jemanden mit einem solchen Diskussionskaliber zu hart anzufassen. Und niemand möchte, dass über den

Mittagstisch Tränen fließen, nur weil man mit deutlichen Worten dargelegt hat, dass die Berichterstattung über Atomkraft im geliebten »GEOlino«-Heft nicht nur einseitig, sondern auch vernagelt und ohne wirkliche Visionen für die Zukunft ist.

Es ist anregend, mit seinen Kindern auf hohem Niveau zu diskutieren, aber man ist nicht immer dazu aufgelegt. Als beste Abwehrmethode kann folgende, bei Generationen von Professoren bewährte Antwort gelten: »Schwierig, schwierig ... denk mal drüber nach!«.

Kinder wollen helfen

Sobald du nicht mehr bewegungslos in deinen Monitor starrst, wird dein Kind angesaust kommen und dich fragen, was du machst, und dann, ob es dir helfen kann. Kinder helfen gerne und am liebsten genau dann, wenn du es am wenigsten brauchen kannst. Meine Kinder wollen gerne beim Kochen helfen, das ist auch toll und gut und richtig. Aber wenn ich koche, habe ich Hunger und dann will ich, dass das Essen schnell fertig ist. Und wie du weißt, mit Kindern zusammen geht überhaupt nichts schnell.

Helfen bedeutet bei Kindern, zumindest wenn sie noch kleiner sind, eigentlich die doppelte Arbeit. Während du die Möhren schneidest oder ein Loch mit der Schlagbohrmaschine bohrst, musst du nicht nur darauf achten, dass du dich nicht verletzt, was schon schwierig genug ist, du musst auch darauf achten, dass dein Kind keinen Unsinn macht oder sich im schlimmsten Fall mit dem Schälmesser ein Stück Haut vom Finger abschält.

Aber nichts macht Kinder glücklicher, als bei ihren Eltern zu sein und ihnen helfen zu können. Vor allem, wie sollen sie lernen, wie man Möhren schneidet oder schlagbohrt, wenn du sie nicht lässt. Du solltest also immer darauf vorbereitet sein, dass deine Kinder dich unterstützen wollen. Also niemals wahnsinnig hungrig kochen oder in großer Eile handwerken (empfiehlt sich ohnehin nicht).

Wenn wir Brot backen, gebe ich meinen Kindern jeweils einen Teil des Teiges, den sie nach Herzenslust kneten und formen können. Da sind sie beschäftigt und ich kann mich auf meinen Teil konzentrieren. Beim Handwerken können Kinder ganz hervorragend Schrauben anreichen, Schraubenzieher besorgen (allerdings nur im gleichen Raum, aus anderen Zimmern kommen sie nach 20 Minuten immer mit leeren Händen zurück, weil sie das Gesuchte nicht finden konnten) oder an einem vorbereiteten Brett schrauben oder hämmern.

 Manchmal ist es gar nicht notwendig, dass sie wirklich helfen, sondern sie wollen einfach nur dabei sein und das Gleiche tun. Unsere beiden Jungs haben Fr. Kleinkind, unserer 3,5-jährigen Tochter, einen Computer aus Pappe gebastelt, und wenn wir am Computer arbeiten, so gesellt sich Fr. Kleinkind mit ihrem Computer gerne zu uns und arbeitet genauso konzentriert wie wir.

Ich kann das schon!

Wenn du dein Kind in den ersten Lebensjahren beobachtest und siehst, wie viel es in dieser Zeit lernt, erinnert das sehr an »Nummer 5 lebt«: »Mehr Input, mehr Input!«

Willst du deinem Kind ab einem gewissen Alter helfen, wirst du immer den Spruch zu hören bekommen: »Ich kann das schon!« oder »Ich mach das allein!«. An dieser Stelle solltest du dein Kind gewähren lassen, auch wenn es schwer fällt. Denn das sind die Momente, die sehr wichtig für dein Kind sind. Leider sind das auch immer die

Momente, in denen du es besonders eilig hast. Aber das ist ein anderes Thema.

Nun könntest du der Meinung sein, dass dieses rasante Lerntempo immer so weiter gehen würde. Direkt nach dem Schleifen binden, lernt dein Kind mit vier Lesen und Schreiben, das Autofahren kann es mit sechs Jahren und dann folgt unweigerlich der Auszug deines Kindes mit zehn.

Leider ist das nicht so, denn es scheint, als verfielen unsere Kinder kurz nach dem Erlernen einer Fähigkeit in eine Amnesie, denn plötzlich können sie gar nichts mehr alleine. Da muss die Mama wieder mit auf die Toilette kommen. Und die Beine? Wozu waren die noch mal gleich? Pullover anziehen? Ich? Das kann ich nicht. Anscheinend sind die Fähigkeiten, einmal erlernt, total uninteressant geworden.

Momentan ist das Öffnen von Autotüren groß in Mode. Ich soll mich auf keinen Fall unterstehen, für unsere 3,5-jährige Tochter, die Autotür zu öffnen oder zu schließen, sonst ist eine Heulattacke vorprogrammiert. Mittlerweile steigt sie auch einfach aus, wenn ich mal eben beim Bäcker etwas kaufe und sie mit den Brüdern im Auto zurückgelassen habe. Kindersicherung würde da sicher helfen, aber bei drei Kindern muss bei einem kleinen Auto halt irgendjemand vorne sitzen. Und selbst die Kindersicherung würde Fr. Kleinkind nicht von ihrem Plan abbringen, mir persönlich zu sagen, dass sie auch etwas vom Bäcker möchte. Sie stiege einfach über die Mittelkonsole nach vorne und würde an der Fahrerseite aussteigen. Ich kann nur hoffen, dass sie das Öffnen der Türen bald so gut beherrscht, dass es wieder langweilig ist und ich es übernehmen darf.

Du solltest dich aber hüten, alles, was deine Kinder gelernt und nun wieder für uninteressant befunden haben, für sie zu übernehmen. Du kannst versuchen, deinem Kind zu erklären, dass es für dich eine große Hilfe wäre, wenn es z. B. die Jacke selbst anzöge. Denn du weist ja, Kinder helfen gerne und lassen sich dann schon mal herab, Dinge zu tun, zu denen sie eigentlich keine Lust haben.

Alternativ kannst du im vernünftigen Rahmen deinem Kind seinen Willen lassen und ihm nicht helfen. Dann muss es halt ohne Jacke zum Auto gehen. Eine solche Vorgehensweise empfiehlt sich allerdings nur, wenn das Auto vorher bereits bewegt wurde und es darin noch warm ist. Schließlich soll dein Kind nicht krank werden, aber schon auch merken, dass man eine Jacke doch besser anzieht.

Trotzphasen

Trotzphasen sind gemein. Du glaubst, du hättest, bis auf kleinere Ausfälle, das liebste und süßeste Kind, und dann, zack, beginnt die Trotzphase. Wenn dein Kind drei Jahre alt ist, kommt es dir plötzlich so vor, als wärst du in einem Computerspiel aufgewacht und müsstest ein ganzes Level gegen den Endgegner antreten. Du kannst nicht glauben, was passiert. Jedes Nein von dir muss gegen bittere Tränen und unglaublichen Zorn deines Kindes erkämpft werden. Jedes Verbot wird ignoriert, und kaum hat das Verbot deine Lippen verlassen, wird das Verbotene gleich noch mal absichtlich gemacht. Wenn du nach drei vorfallsfreien Tagen denkst, du hast es überstanden: Fehlanzeige. Nächstes Level.

Sagte dein Kind im letzten Level zu allem kategorisch nein, so wird es im nächsten vielleicht alles anfassen. Und obwohl deine freundlichen Forderungen nach Rückgabe deiner Gadgets bisher immer befolgt wurden, so werden diese jetzt vielleicht ignoriert. Dein Kleinkind wird zur Bestie. Es schreit, sobald es seinen Willen nicht bekommt, und versucht, dich bis an deine Grenzen und darüber hinaus zu treiben.

Anschreien hilft nicht, gut zureden auch nicht. Selbst Schimpfen oder Bitten sind nicht von Erfolg gekrönt. Um diesen Gegner zu besiegen oder möglichst lange durchzuhalten, ist Intelligenz gefragt, und zwar deine. Du musst das Monster überlisten, es ablenken.

So wollte sich unsere Tochter eine Zeit lang im Auto nicht anschnallen lassen. Ich war ganz Meister Yoda und ruhte in mir. So saßen wir eine halbe Stunde lang im Auto, ohne dass es geschah. Aber irgendwann hat Meister Yoda dann auch mal die Schnauze voll, zumindest hatte ich es und versuchte, meine Tochter anzuschnallen. Was ungefähr so erfolgreich war, wie einen Pudding an die Wand zu nageln. Kinder beherrschen in solchen Fällen Tricks, um die sie Castorgegner beim Entfernen durch die Staatsmacht beneiden würden.

Also blieb mir nichts anderes übrig, als das Monster abzulenken. Seine Aufmerksamkeit zu erregen und es auf ein anderes Thema zu lenken, so dass der Protest gegen das Anschnallen vergessen würde. Also erzählte ich von dem tollen Essen, das ich zu Hause essen würde, wenn wir dort (irgendwann mal) ankämen. Ich ganz alleine natürlich. Niemand bekäme etwas ab. (Schon mal gar nicht das Monster, ließ ich durchblicken.) Das machte meine Tochter natürlich fuchsteufelswild. Essen, und sie bekäme nichts ab? So geht das ja nun nicht. Sofort war sie dabei, Pläne zu schmieden, wie sie mir zu Hause das Essen entreißen würde. Während sie noch nachdachte, schnallte ich sie, ihre Detailfragen beantwortend, einfach an. Sieg!

Trösterchen

Wie du sicher weißt, sind Kinder, die ihren Willen nicht bekommen, sehr bestrebt, am Ende doch zu erreichen, was sie wollen. Und zwar mit unfairen Mitteln. Entweder rauschen sie ärgerlich aus dem Zimmer, mit den herzbrechenden Worten, dass man nun »nicht mehr ihr Schatzi sei und sie dich nicht mehr zu ihrem Geburtstag einladen!« oder aber sie brüllen, dass du alle Fenster schließen musst, damit die Nachbarn nichts Schlechtes von dir denken.

Dein Kind ist, egal für welche Variante es sich entschieden hat, mehrere Minuten nicht ansprechbar. Schmollende Kinder sind natürlich leichter zu ertragen, als schreiende. Ins Schreien können sich Kinder aber so richtig reinsteigern: Rote Flecken im Gesicht, Schnappatmung oder gar leises Wimmern. Fast bist du versucht, dem Willen deines Kindes nachzugeben. Möge es doch nur bitte endlich aufhören zu schreien. Aber hast du einmal nein gesagt, sollte es auch dabei bleiben. Wie könnte dein Kind dich nachher noch ernst nehmen? Du kannst deinem Kind aber entgegenkommen, sodass keiner von euch beiden das Gesicht verlieren muss. In ganz seltenen Fällen ist eine Einigung auf dieser Ebene jedoch nicht mehr möglich.

In diesen Fällen hilft bei uns nur ein Trösterchen. Trösterchen sind besondere Süßigkeiten, die es sonst bei uns nicht gibt und die in einer speziellen Kiste aufbewahrt werden. Ein Trösterchen kann zum Beispiel ein Lutscher oder eine Stange PEZ-Bonbons sein. Lässt sich meine Tochter also nicht beruhigen, dann frage ich sie, ob sie ein Trösterchen möchte. Was bisher immer ihre Miene aufhellte und sie veranlasste, die Situation zu vergessen. Das Trösterchen besteht nämlich aus zwei Phasen:

- Phase 1: Die Ablenkung: »Oh, ich darf mir eine Süßigkeit nehmen. Welche werde ich wählen?«
- Phase 2: Glücksgefühle: Die vom Zucker angekurbelte Produktion von Insulin sorgt für die Produktion von Serotonin, dem Glückshormon. Siehe auch *http://www.zentrum-der-gesundheit.de/zucker.html*.

Daraus folgt: Kind ist abgelenkt und wieder froh. Mission accomplished.

Geschwister

Wir haben beide keine Geschwister, und wie oft haben wir früher alleine in unserem Zimmern gesessen und uns gewünscht, einen Bruder oder eine Schwester zum Spielen zu haben. Wir haben uns ausgemalt, wie wir uns mit unserem Geschwister gegen unsere Eltern  verbünden und ihnen heimlich Streiche spielen. Aber unser beider

Wunsch nach Geschwistern blieb unerfüllt. Ab und zu durften mal Freunde zuhause übernachten. Aber das war nicht das Gleiche.

Also war für uns beide klar: auf jeden Fall mehr als ein Kind. Er wollte vier, ich wollte zwei. Am Ende wurden es dann drei. (Ich bin übrigens froh, dass das dritte ein Mädchen geworden ist und wir aufhören konnten.)

Leider verhalten sich unsere Kinder nicht so, wie wir uns das damals in unseren Träumen ausgemalt haben. Unsere Kinder streiten sich permanent. Sie schreien sich an, schlagen sich gegenseitig die Türen vor der Nase zu und Fr. Kleinkind schlägt ihre Brüder mehrfach täglich. Wenn in Griffweite, dann auch gerne mit einem Stock.

Alles in allem könnte man aber sagen: Es läuft ziemlich gut bei uns. Und die Momente, in denen sie alle drei aus Kartons Raumschiffe bauen, vor dem Computer sitzen und enthusiastisch Minecraft spielen oder Filme drehen, wiegen all die Streiterei wieder auf.

Auch du kannst die schlimmsten Dinge verhindern, wenn du ein paar grundlegende Regeln beherzigst:

- Schaff dir nur ein Kind an.
- Wenn du bereits mehr als ein Kind hast, überlege dir, mehr als ein Haus anzuschaffen.
- Sollte das nicht möglich sein, habe höchstens so viele Kinder, wie du Zimmer im Haus hast.
- Müssen sich auf Grund widriger Umstände zwei Kinder ein Zimmer teilen, so markiere mit weißer Farbe oder Ducttape genau die Mitte des Zimmers. Weise deine Kinder an, niemals die Markierung zu übertreten.
- Kaufe jedem deiner Kinder exakt die gleichen Dinge. Wenn ein Kind einen neuen Füller braucht, kaufe gleich für jedes deiner Kinder einen. Ebenso wie Turnschuhe, Rucksäcke, Jacken usw. Wichtig ist hierbei, dass es sich um genau identische Dinge handelt. Hat eines der Sachen eine andere Farbe, ist der Streit vorprogrammiert. Kleidung ist natürlich in der jeweiligen Größe zu kaufen.

- Versehe alle neuen Dinge auf jeden Fall sofort mit dem Namen des Besitzers, damit bei Verlust eines Teils klar ist, welchen Kindern die verbliebenen Dinge gehören.

- Nimm immer alle Kinder gleichzeitig auf den Schoß und tröste sie, auch wenn nicht alle gerade getröstet werden müssen. Spätestens wenn du eins tröstest, werden die anderen sowieso weinen, weil sie auch auf den Schoß wollen. Das ist der Punkt, an dem du ohnehin alle trösten musst. Der gleiche Mechanismus wirkt übrigens, sobald du die Katze auf den Schoß nimmst.

- An Geburtstagen bekommen natürlich neben dem Geburtstagsgeschenk auch die Geschwister Geschenke, damit es keinen Ärger gibt.

- Lasse im Auto zwischen den Kindersitzen mindestens eine Kinderarmlänge Platz. Reicht der Platz nicht mehr aus, erwäge, dir ein größeres Auto zu kaufen oder Trennwände einzubauen.

Wieviel kostet ein Kind wirklich

Sicher kennst du die Artikel, in denen minutiös beschrieben wird, wie viel ein Kind kostet, und aus denen klar hervorgeht, dass sich niemand von Verstand so etwas wie Kinder leisten kann. Aufgelistet werden hauptsächlich Kleider, Windeln, Essen, Wohnkosten ... Aber die versteckten Kosten, die durch unsachgemäßes Behandeln von Gegenständen durch Kinder entstehen, diese Kosten erwähnt nie jemand. Wir haben mal überlegt, was unsere Kinder uns in den letzten elf Jahren sonst noch gekostet haben.

Wieviel kostet ein Kind wirklich?

3 neue Teller	50 Euro
5 neue Gläser	10 Euro
5 Beulen in der Tür vom Öffnen der Tür gegen die Garagenwand und div. andere Autos	ca. 1500 Euro
1 x Übergeben im Auto auf atmungsative Ledersitze mit kleinen Löchern	Reinigungskosten ca. 300 Euro zzgl. des notwendig gewordenen Verkauf des Autos

1 MacBook Pro mit Multivitaminsaft über-schüttet	ca. 3000 Euro
3 Lampen	ca. 150 Euro
1 paar teure Lederschuhe (Budapester Mus-ter), die von einem Kinderhaufen getroffen wurden	ca. 300 Euro
1 Olivenholzparkett, das dem Vermieter lieb und teuer war, mit Bobbycar verkratzt	ca. 1500 Euro zzgl. Anwaltskosten
1 Plastikgartenteichbecken (fragt nicht)	ca. 250 Euro
1 Klodeckel (war leider ein teures Klo)	ca. 150 Euro
1 Autoschlüssel vom Opa verloren	ca. 300 Euro
1 iPhone, unklar wie das passieren konnte	ca. 400 Euro
1 offenporige Rückwand eines freistehenden Schranks mit Wick VapoRub bemalt	ca. 120 Euro
1 Porzellanschale runtergerissen, beim Umstürzen des Küchenblocks! (Geht einfach, wenn man alle Schubladen aufmacht.)	Kosten unklar, war Omas Erbstück
1 bemaltes Rollo in einem Hotel	Kosten unklar (wurde vergessen zu melden – öhm)

Macht Gesamtkosten von ca. 8000 Euro in den ersten 11 Lebensjah-ren. Das meiste wurde tatsächlich von einem einzigen Kind verur-sacht.

Zuzüglich:

357 geraufter Haare	wachsen zum Glück nach
des letzten Nervs	unbezahlbar

KAPITEL 2

Dein Kind und sein Körper

Wickeln

Durch die Erfindung der Wegwerfwindel ist Wickeln kaum noch Arbeit. Denkst du dir so. Popo sauber, Windel dran, fertig. Als neugeborenes Elternteil wirst du auch erst langsam an diese Aufgabe herangeführt. Denn anfangs könnte man den Geruch der Häufchen eines Neugeborenen fast schon als angenehm bezeichnen. Solange dein Baby gestillt wird, wunderst du dich wahrscheinlich über die anderen Eltern, die dir von unglaublichen Dingen berichten. Vielleicht denkst du, bei deinem Kind handelt es sich um eine seltene Mutation, die wohlriechende Häufchen hervorbringt. Offensichtlich deine guten Gene, denkst du dir.

Doch warte ab. Auch du kommst in den Genuss wahrer Elternfreuden, sobald sich der Speiseplan deines Babys wandelt. Denn je abwechslungsreicher die Nahrung deines Kindes wird, desto abwechslungsreicher wird auch sein Windelinhalt.

Aber auch schon die Hinterlassenschaften der Allerkleinsten können einige Überraschungen bereithalten. So mussten wir zum Beispiel erfahren, dass ein drei Monate altes Baby seinen Darm mit solch hohem Druck entleeren kann, dass es zwei Meter weit spritzt. Du kannst dir sicher vorstellen, welch großer Spaß es ist, den Teppich und die Wand des schwiegerelterlichen Hauses wieder zu säubern. Du siehst, beim Öffnen der Windel ist größte Vorsicht geboten. Ich habe schon viele Geschichten von Eltern gehört, die selbst Opfer einer solchen Attacke wurden.

Abenteuerlicher wird es noch, wenn du mit deinem Baby unterwegs bist und es am Vortag keine volle Windel hatte. Die Entladung kann, insbesondere bei sehr kleinen Babys mit sehr kleinen Windeln, dann das Fassungsvermögen der Windel mit Leichtigkeit um ein Vielfaches übersteigen. Freu dich, wenn du zu diesem Zeitpunkt bereits an der Kasse des Supermarkts bist und im Auto die Wechselwäsche schon auf dich wartet.

Nimmt dein Kind schon am normalen Familienessen teil, kannst du großartige Verdauungsexperimente mit folgenden Lebensmitteln machen:

- Fisch: Ein unglaublich olfaktorisches Highlight. Muss man einmal gehabt haben.

Farblich beeindruckend sind diese Lebensmittel:

- Rote Beete: Blutrot. Auf keinen Fall dem Kind geben, wenn es danach einem Verwandten oder sonstigen Babysitter anvertraut wird. Der ruft nämlich sicher sofort den Notarzt.
- Spinat: Grün. Einfach grün.
- Blaubeeren: Blau. Wer hätte es gedacht.
- Möhren: Hellorange. Keine Überraschung.

Aber nicht nur die Häufchen der Babys sind interessant, sondern manchmal auch das, was sich noch in der Windel findet. So nahm mich einmal die Kindergärtnerin zur Seite und übergab mir einen kleinen Schlüssel, den sie in der Windel unserer Tochter gefunden hatte. Da sich dieser allerdings ohne Beiwerk darin befand, konnten wir davon ausgehen, dass sie sich den Schlüssel in ihr T-Shirt gesteckt hatte und er dann in die Windel gerutscht war. Puh.

Wenn du dich für dieses Thema interessierst, seien dir diese Informationsgrafiken von Howtobeadad.com ans Herz gelegt:

http://is.gd/diaperloads1,

http://is.gd/diaperloads2

und

http://is.gd/diaperuses

Schlafen

Du fühlst dich wie ein Zombie, weil dein Baby jetzt schon die dritte Nacht in Folge nicht durchgeschlafen hat? Hunderte von Büchern, CDs und Videos (alleine auf Youtube 94.000 Videos zum Thema »Baby sleep how to«), Webseiten (Google findet 88.900.000 Einträge) beweisen: Du bist nicht allein. Nicht, dass das irgendwie helfen würde.

Alle unsere drei Kinder haben bis zum Alter von drei Jahren nicht mehr als zwei Nächte hintereinander durchgeschlafen. Und wenn sie es doch taten, dann schlich ich gleich morgens aufgeregt in ihr Zimmer, nur um zu gucken, ob sie noch atmeten.

Aber es ist wie mit Clubmate: »Man gewöhnt sich dran.« Du gewöhnst dich sogar so sehr daran, dass du, wenn die Kinder nicht da sind, von alleine mehrfach nachts aufwachst. Oder eben morgens genau zu der Zeit, zu der deine Kinder sonst immer wach werden.

Den Eltern den Schlaf zu entziehen, scheint zumindest in den ersten Jahren einziger Lebenszweck von Kindern zu sein. Anfangs muss dein Baby nachts essen, das legt sich aber nach einer Weile. Dann wird es nachts trotzdem noch wach und weint. Dir ist völlig unklar, warum.

Einschlafen

Nicht nur das Durchschlafen, auch das Einschlafen erweist sich häufig als sehr problematisch. Anscheinend gibt es Eltern, die ihr Kind ins Bett legen, und wenige Minuten später ist es eingeschlafen. Deins ist nicht so? Unsere auch nicht. Unsere Kinder wollten zumindest in den Schlaf gewiegt werden. Später reichte es dann, wenn ein Elternteil am Bett saß, bis es eingeschlafen war.

Unser ältester Sohn konnte in den ersten zwei Lebensjahren nur einschlafen, wenn er auf dem Bauch über den Knien eines Elternteils hing und dieses Elternteil mit den Beinen wippte. Klingt lustig, ist aber enorm anstrengend. Das Ganze zweimal am Tag, mittags und abends.

Der zweite Sohn kam mit der Schoß-Wipp-Methode nicht zurecht und wollte in den Schlaf getragen werden, Bauch auf der Brust, Kopf über die Schulter hängend. Kinder können verdammt schwer werden, insbesondere, wenn sie nicht sofort einschlafen. Frau Kleinkind, unsere jetzt dreijährige Tochter, schoss wie immer den Vogel ab und konnte nur einschlafen, wenn sie einem Elternteil am Finger nuckelte und dabei an dessen Haaren zog. (Und das alles nur, weil wir ihr im Kreißsaal für einen kurzen Moment den Finger zum Nuckeln in den Mund gesteckt hatten.) Am Finger nuckelt sie zum Glück jetzt nicht mehr.

Aber auch andere Eltern sind erfinderisch, wenn es darum geht, ihre Kinder zum Einschlafen zu bringen. Die einen stellen ihr Baby im Maxi-Cosi auf eine laufende Waschmaschine. (Wobei ich da schon Angst hätte, dass das Kind beim Schleudern runterfällt.) Die anderen saugen mit einem Staubsauger (#WTF) neben dem Baby oder stecken es in den Kinderwagen oder fahren eine Runde mit dem Auto. »White Noise«[1] nennt man das in Fachkreisen, und es gibt Eltern, die schwören darauf. Es werden als Kindereinschlafhilfe sogar Geräte verkauft, die White Noise erzeugen.

Es gibt Eltern, die sind sogar noch ein bisschen geekiger und bauen sich aus einem Script und einem CD-ROM-Laufwerk eine Babyeinschlafhilfe. Das Kind sitzt im Maxi-Cosi und wird von dem sich durch das Script öffnenden und schließenden CD-ROM-Laufwerk in den Schlaf gewiegt.

Fünf Dinge, die ein sanftes Einschlafen deines Kindes auf jeden Fall verhindern

1. Den Vater beim Schlafanzuganziehen wild mit dem Kind rumtoben lassen.

---

1 Mehr dazu findest du hier:
   http://www.troublesometots.com/why-babies-love-white-noise

2. Ordentlich gezuckerte Nahrung vor dem Einschlafen geben.

3. Das Schlafzimmer so stark beleuchten, dass sich der Sandmann nicht reintraut.

4. Neben dem Bett des Kindes ein Spiel auf dem Smartphone spielen.

5. Dein Kind dazu zwingen, ins Bett zu gehen, wenn du denkst, dass es bitteschön müde zu sein hat.

Beim Einschlafen gibt es übrigens immer wieder Einschlaffenster. Einschlaffenster sind so etwas wie Wurmlöcher, sie tauchen immer zur gleichen Uhrzeit auf und katapultieren dein Kind direkt in den Schlaf. Verpasst du eines dieser Wurmlöcher, musst du mindestens eine Stunde warten, bis ein neues vorbeikommt. Dein Kind nicht sofort ins Bett zu bringen, wenn es müde ist, oder es gar in diesem Zustand zu füttern, kann dazu führen, dass es plötzlich wieder hellwach ist.

Ist dein Kind eingeschlafen, hast du die erste Hürde genommen. Doch du bist noch nicht auf der sicheren Seite, denn jetzt gilt es, unbemerkt aus dem Zimmer zu verschwinden, ohne dass es aufwacht. Auch hier profitieren die Kinder anscheinend von ihren besonderen Sinnen. Egal, wie leise du dich auch aus dem Kinderzimmer heraus bewegst, die Wahrscheinlichkeit, dass es einfach durch deine Abwesenheit aufwacht, ist sehr hoch.

Aber das Kinderzimmer geräuschlos zu verlassen, kann ohnehin nahezu unmöglich sein. Wenn du schon einmal nachts im Kinderzimmer auf einen Legostein getreten bist, weißt du, wie schwierig es ist, nicht vor Schmerz laut aufzuschreien. Auch ein knarrender Kinderzimmerboden kann dein Kind wieder wecken.

Im Elternbett schlafen

Anstatt dein Kind zu zwingen, in seinem eigenen Bett zu schlafen, und den Preis dafür zu zahlen, mehrfach jede Nacht aufzustehen, kannst du dein Kind natürlich auch im Elternbett schlafen lassen. Versuche in unserem Haus haben ergeben, dass die Kinder nachts schneller wieder einschliefen, wenn sie in unserem Bett schliefen, und sie wachten seltener auf.

Dass dein Kind in eurem Bett besser schläft, muss aber nicht zwingend bedeuten, dass DU besser schlafen kannst. Ein 2-jähriges Kind kann ein 1,60 m breites Bett in der Breite komplett ausfüllen.

Ob im Elternbett schlafen lassen oder nachts immer wieder ins Kinderzimmer rennen, das obliegt deiner persönlichen Präferenz. Schlafen mit kleinen Kindern ist und bleibt problematisch.

Die vier häufigsten Schlafpositionen des Kindes im Elternbett

Baden

Kleine Kinder sind eigentlich immer schmutzig. Am liebsten möchtest du mit einem Feuchttuch permanent über ihren Mund wischen oder ihnen die Nase putzen. Und dann diese Finger! Klebt da nicht noch Marmelade vom Frühstück dran? Und hat das Schokoladenei es überhaupt in den Mund geschafft oder wurde es schon in der Hand aufgelöst? Sicher hast du schon mal eine Türklinke oder einen Schrankgriff angefasst, der so klebte, dass du kaum von ihm loskamst. Aber nicht nur, dass schmutzige Kinder kleben und nicht schön anzusehen sind, nach einer Weile fangen sie dann auch an zu müffeln.

Der Geruch bei Kindern ist stark vom Alter abhängig. In der ersten Phase können sie gut eine Woche ohne Baden auskommen. Rein geruchsmäßig, wenn man von den schmutzigen Stellen absieht.

Sind sie aus dem Kindergarten raus, beginnt Phase zwei: Sie werden weniger schnell schmutzig und riechen auch ungefähr eine Woche unauffällig. An den meisten Stellen jedenfalls.

In der dritten Phase beschränkt sich der Schmutz hauptsächlich auf Tintenflecken an den Fingern, aber ihr Geruch wird schon zwei Tage nach der letzten Dusche unangenehm.

Dein Phase-eins-Kind müffelt ein bisschen? Kein Problem, denkst du dir. Einfach in die Badewanne stecken. Anfangs lassen Babys das Baden auch recht bereitwillig über sich ergehen. Was bleibt ihnen auch anderes übrig? Irgendwann wird es für dich aber deutlich schwieriger, die Grundreinigung vorzunehmen. Dumm ist nur: Je größer sie werden, desto schneller beginnen sie zu stinken. Um unsere Kinder ab einem gewissen Alter in die Wanne zu bekommen, musste zumindest das Badewasser mit Farbtabletten[2] eingefärbt werden. (Geht sicher auch mit Lebensmittelfarbe.) Sonst wurde überhaupt nicht in Erwägung gezogen, in die Wanne zu steigen.

Eine andere Methode, den Badespaß zu erhöhen, war das gemeinsame Baden unserer Kinder, was ständig zu einer riesigen Überschwemmung im Badezimmer führte. Das wäre nicht so schlimm gewesen, hätte das Badezimmer nicht Tapeten und einen Holzfußboden gehabt. (Wer baut auch sowas?)

Allerdings ist so ein gemeinsamer Badespaß nicht immer ungetrübt. Vor allem dann nicht, wenn sich das Wasser trübt, weil der kleinere Bruder seinen Darm in das Badewasser entleert hat. Die Schweinerei wegzumachen, war nicht ganz so lustig wie das entsetzte Gesicht des großen Bruders damals. An ein gemeinsames Bad der beiden war danach für einige Monate nicht mehr zu denken.

Dein Kind mit buntem Wasser, Spielzeug oder Geschwisterspaß in die Badewanne zu locken, ist aber nur der erste Level. Richtig schwierig wird das Haarewaschen. Dabei tun die Kinderschampoos doch

---

2   z. B. Tinti Badewasserfarben

gar nicht mehr weh in den Augen, steht zumindest auf der Verpackung. Aber mit guten Argumenten brauchst du deinen Kindern beim Haarewaschen nicht zu kommen. Hier ist wieder elterlicher Erfindungsreichtum gefragt.

Wir haben es mit Haare ausspülen unter der Handbrause versucht (geht gar nicht). Wir haben versucht, den Kopf mit Wasser aus lustigen, kleinen Becherchen zu übergießen (auf keinen Fall) oder die Haare mit nassen Waschlappen auszuspülen (nur unter lautstarkem Protest). So richtig gut funktionierte es erst mit einer Taucherbrille. Meistens jedenfalls.

Nun könntest du meinen, dass ab dem schulfähigen Alter (also ab Phase zwei) dein Kind rational genug sei, einzusehen, dass Körperpflege eine durchaus lohnenswerte Angelegenheit sei. Leider stimmt das nicht. Während einer unserer Söhne am liebsten täglich zweimal 30 Minuten duschen würde, ist es einfacher, Sand in der Sahara zu verkaufen, als unseren anderen Sohn unter die Dusche zu bekommen.

Morgens duschen gehe auf keinen Fall, weil das alles viel zu knapp sei, so seine Ausrede. Hier sei angemerkt: Er steht um 6.00 Uhr auf und muss um 7.20 Uhr das Haus verlassen. Der enorme Zeitbedarf beim Duschen begründet sich unter anderen dadurch, dass er in ein Handtuch gewickelt so lange im Bad stehen bleibt, bis er vollständig getrocknet ist.

Ohne Trockenrubbeln braucht das natürlich eine Weile. Gut, dann also abends duschen. Am Abend benimmt er sich total unauffällig und vermeidet es, mir zu nahe zu kommen, nur damit ich vergesse, dass er eigentlich duschen wollte. Mittlerweile lasse ich mich von meinem Telefon erinnern, und selbst dann schafft er es noch, mir hin und wieder durch die Lappen zu gehen.

Essen

Kleine Babys trinken anfangs nur Milch. Feste Nahrung, Knöpfe, Batterien oder Münzen sind sofort aus dem Baby zu entfernen. Auch von Schokolade und Cola solltest du bei der Ernährung des

Babys in den ersten Monaten Abstand nehmen. Auch wenn Schokolade Milch enthält oder Teile davon – Babys trinken in den ersten Monaten nur Muttermilch oder Ersatzflüssigkeiten, die in Pulverform von gängigen Babynahrungsherstellern angeboten werden. Kuhmilch vertragen Babys übrigens nicht so gut, an dieser Stelle kann man leider nicht sparen.

Mit Cola solltest du mindestens so lange warten, bis die Kinder das schulfähige Alter erreicht haben. Denn vorher wirst um jede Minute froh sein, die dein Kind schläft. Koffein wäre da kontraproduktiv. Interessanterweise sind Schulkinder eine Woche nach der Einschulung morgens überhaupt nicht mehr aus dem Bett zu bekommen, dementsprechend könnte sich hier eine kleine Cola- oder Mate-Injektion als nützlich erweisen.

Festere Nahrung kannst du ungefähr ab sechs Monaten füttern, allerdings sollte die Nahrung, wegen der unzureichenden Anzahl von Zähnen, zunächst noch eine breiartige Konsistenz haben. Die Pizza also vorher pürieren.

Du wirst feststellen, dass dein Kind anfangs noch bereitwillig alles probiert, was du isst. Auch Oliven oder Garnelen, falls du die zufällig mal essen solltest. Je älter sie werden, desto pingeliger werden sie mit dem Essen. Lieblingsessen oder Dinge, die sie niemals essen würden, wechseln täglich. So musst du eigentlich vor jedem Essen eine Umfrage starten,  welche Lebensmittel heute gegessen werden können. Die einzige Sache, die sich bei uns nie ändert: Fisch oder geschmolzener Käse geht niemals. Und auf Pizza ist nämlich kein geschmolzener Käse drauf!

Das, was die Kinder in den ersten Jahren essen, ist prägend für ihren späteren Geschmack. Wir haben dazu einige Experimente an unseren Kindern vorgenommen. Unseren ersten Sohn ernährten wir in den ersten Jahren fast ausschließlich mit Pizza, Nudeln und Pfannkuchen, was zu dem Zeitpunkt auch unserer Ernährung entsprach. Er isst heute kaum Gemüse. Die anderen beiden bekamen schon mit unter drei Jahren gesunde, vollwertige Ernährung im Kindergarten. Sie essen heute einige ausgewählte Gemüsesorten.

Grundsätzlich kann man aber von folgenden Ernährungsbedürfnissen bei Kindern ausgehen:

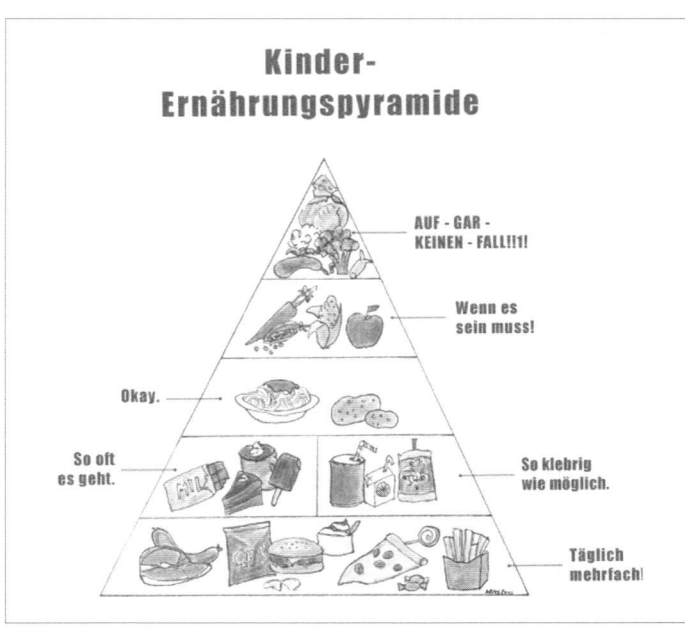

Wie du siehst, unterscheiden sich die Ernährungspräferenzen von Geeks und Kindern nur geringfügig. Einzig bei den Getränken werden die klebrigen Flüssigkeiten durch koffeinhaltige ersetzt. Der Rest ist identisch. Essenstechnisch vertragen sich Kinder und Geeks also hervorragend.

Essensmengen

Kleine Kinder können Unmengen von Essen verschlingen. Außerdem haben sie nach gut einer halben Stunde vergessen, dass sie eben erst gegessen haben. Offensichtlich sind Kindermägen innen größer als außen. Woran erinnert uns das? Genau, vermutlich sind sie verwandt mit TARDIS[3].

So aß zum Beispiel unsere Tochter jeden Tag Mittagessen im Kindergarten, und wenn sie zwei Stunden später nach Hause kam, verlangte sie, noch einmal mit uns zu Mittag zu essen (inklusive Nachtisch), steif und fest behauptend, sie hätte im Kindergarten kein Mittagessen bekommen. Wenn wir abends auswärts essen waren und nach Hause kommen, fragt sie als erstes, ob wir denn jetzt endlich zu Abend essen. Wie ich hörte, ist sie kein Einzelfall.

Gesundheit

Kindergarten und Krankheiten

Eigentlich stehen deine Kinder ja permanent mit einem Bein im Grab – wenn man allen zuständigen Stellen Glauben schenken darf. Gleichzeitig dürfen natürlich nur ausgebildete Fachkräfte medizinische Eingriffe vornehmen.

Das führt zu reichlich absurden Situationen:

Ein Pflaster auf den Finger kleben, da traut sich eine anarchistisch angehauchte Kindergärtnerin (ein ÜPC) ja noch dran. Aber einen Splitter aus dem Finger ziehen – das ist ja ein chirurgischer Eingriff. Eltern anrufen, die sollen das machen oder das Kind ins Krankenhaus fahren.

Eine Zecke? Eltern anrufen, die sollen sich erbarmen oder das Kind ins Krankenhaus fahren. Da hechtet man also aus dem Büro zur Apotheke, eine »Zeckenkarte«, eine »Zeckenzange« und für die schwierigen Fälle noch eine Pinzette besorgen (Tipp: Alkoholpads zur Desinfektion auch gleich mitnehmen), dann weiter zum Kindergarten, wo man das Biest oft innerhalb von 15 Sekunden entfernt, und ab

---

3 http://de.wikipedia.org/wiki/Tardis

geht es wieder ins Büro, wo man versucht, den medizinischen Notfall zu erklären.

Aber auch das Verabreichen einer Medizin muss von den Erziehungsberechtigten oder von medizinischem Fachpersonal vorgenommen werden. Mordsspaß, wenn das Kind drei Wochen lang morgens, mittags und abends irgendeinen Saft schlucken muss. Dann heißt es jeden Mittag  »mal eben« in den Kindergarten zu gurken und einen Löffel Medizin zu verabreichen. Zu meiner eigenen und der Sicherheit meines Kindes – oder so.

Zur Sicherheit der anderen Kinder werden kranke Kinder natürlich nicht im Kindergarten geduldet. Manchmal hat man aber schon das Gefühl, dass krank sehr großzügig ausgelegt wird. Sobald eine leicht erhöhte Temperatur gemessen wird, müssen die Eltern antraben und das Kind abholen.

PRO-TIPP

Sind kleine Kinder verletzt, so brauchen sie ein Pflaster! Egal, ob wir Eltern das für nötig halten oder nicht. Pflaster muss sein. So ein Pflaster tröstet nicht nur – schließlich muss sich jemand kümmern und es draufkleben –, sondern es hält auch die kaputte Stelle zusammen. Wer weiß, was passierte, wenn da kein Pflaster wäre!

Schnupfen

Ist dein Kind erst mal im Kindergarten oder in der Krippe mit anderen Kindern zusammen, so könntest du den Eindruck erhalten, dass dein Kind permanent krank sei. Es ist nicht ungewöhnlich, dass Kinder dann bis zu 12 Infekte pro Jahr haben. Da Kinder wie Erwachsene im Sommer seltener krank sind, ballen sich diese Infekte eben in den kälteren Monaten.

So kann es sein, dass ein Infekt in den nächsten übergeht. Praktisch ist es, wenn man mehrere Kinder hat: Die können dann Krankheiten aus verschiedensten Quellen, wie Schule und Kindergarten, zusammentragen und sich gegenseitig anstecken. Dann ist sichergestellt, dass es im Winter zwischen den Infekten keine unnötigen Pausen gibt.

Für diese Zeit solltest du einen großen Vorrat an Taschentüchern zurechtlegen. Es ist erstaunlich, wie viel ekliges Zeug aus so einer Kindernase kommt. Von durchsichtig über gelb, grün oder grau, manchmal auch rot – der Farbenreichtum der Absonderungen der kindlichen Nase ist ganz wunderbar.

Es empfiehlt sich, während dieser Zeiten einige bis mehrere Taschentuchpackungen mit sich zu führen, denn nicht selten muss du die Nase deines Kindes mehrmals in der Minute säubern.

PRO-TIPP

Feuchttücher für den Popo sind zwar – weil kalt – etwas unangenehmer für das Kind, zahlen sich jedoch auf längere Sicht aus, weil die Nase beim Putzen nicht so wund wird. Ich habe letztens noch von beheizbaren Feuchttuchspendern gelesen, halte das aber eher für ein Gerücht.

Mir ist leider bisher noch kein Kind begegnet, das sich Nasentropfen oder -spray freiwillig hat in die Nase applizieren lassen. In der Regel sind Kindernasen nachts verstopft und führen dazu, dass deine ohnehin schon gestörte Nachtruhe kaum mehr vorhanden ist. Auch hier sind Eltern von Einzelkindern benachteiligt: Mit mehr als zwei kleinen Kindern ist eigentlich garantiert, dass man im Winterhalbjahr nie mehr als zwei Nächte hintereinander durchschläft. Mehr Zeit zum nächtlichen Programmieren oder Server-Administrieren, wenn du eh schon mal wach bist.

Kinderarztbesuche

Nicht nur wegen der vielen U-Untersuchungstermine, zu denen du heute vom Landesjugendamt zumindest in NRW genötigt wirst, wirst du im Laufe der Zeit deinen Kinderarzt sehr gut kennenlernen. Der Kinderarzt ist neben der Krankenschwester auf der Entbindungsstation die erste ÜPC-Respektsperson, bezugnehmend auf das Leben deines Kindes.

Möglicherweise ist es besser, einmal zu oft, als einmal zu wenig zum Kinderarzt zu gehen. Aber manchmal musst du noch einmal mit gesundem Menschenverstand hinterfragen, was dir der Arzt soeben erzählt hat bzw. eine zweite Meinung einholen.

So war ich mit unserem 11-jährigen wegen eines hartnäckigen Hustens beim Kinderarzt. Als die Ärztin herausfand, dass er vor 11 Jahren sieben Wochen zu früh zur Welt gekommen war, stand ihre Diagnose fest: Asthma. Schon wollte sie uns einen Inhalator verschreiben, doch als ich ihr erklärte, dass er nie Probleme mit den Lungen gehabt hätte, was bei Frühchen nämlich häufig der Fall ist, ließ sie davon ab. Zwei Tage später war der Husten auch wieder weg.

Eine Freundin von mir war wegen schulischer Probleme der Tochter bei der Kinderärztin und zeigte der Ärztin eine Arbeit der Tochter. An einem Tag hatte die Tochter wunderbar geschrieben und keine Fehler gemacht. Am nächsten Tag sollten die Kinder das gleiche Thema leicht abgewandelt bearbeiten. Jetzt war die Schrift unleserlich und der Text voller Fehler. Diagnose des Kinderarztes: Es könnte sich um Schizophrenie handeln. Könnte sich das Kind nicht einfach unterfordert gefühlt und gelangweilt haben?

Unser mittlerer Sohn wurde zur Klärung diverser Schulprobleme mehreren Dyslexie- und ADHS-Tests unterzogen. Abschließend folgerte die Institutsleiterin nach 15 Minuten Gespräch mit meinem Sohn, dass er Kontaktschwierigkeiten zu Gleichaltrigen habe. Deshalb empfahl sie uns dringend eine Gruppentherapie.

Außerdem wurde uns angeraten, unserem Sohn Ritalin zu geben. Und das, obwohl ich im Vorfeld den anderen untersuchenden Ärzten mehrfach gesagt hatte, dass eine medikamentöse Behandlung auf keinen

Fall in Frage käme. Mir ist völlig unklar, wie sich jemand nach einem 15-minütigen Gespräch zu solchen Aussagen hinreißen lassen kann.

Frag dich einfach, wie viel Prozent der »IT-Berater« Ahnung von dem haben, was sie erzählen, und wie sehr du ihrem Rat vertraust.

PRO-TIPP

Vergiss auf keinen Fall, dir aufzuschreiben, wann deine Kinder sich das erste Mal auf den Bauch drehten, anfingen zu krabbeln, ihren ersten Zahn bekamen, begannen zu laufen, ihr erstes Wort sprachen und das erste Mal »ich« sagten, einen Haufen ins Klo machten und begannen, in Sätzen zu sprechen. Auch den kompletten Entbindungsbericht solltest du parat haben!
Du wirst es nicht glauben, wie oft ich diese Dinge bei Kinderärzten und bei der Einschulungsuntersuchung bereits gefragt worden bin. Und dann dieser Blick voller Unverständnis, als ich keine der angeforderten Daten und Fakten nennen konnte. Entschuldigung, ich habe drei Kinder, ich bin froh, dass ich mir deren Namen und Geburtsdaten (meistens) merken kann.

Schuleingangsuntersuchung

In den meisten Bundesländern werden von den Gesundheitsämtern Schuleingangsuntersuchungen durchgeführt, die für die Schulanfänger des Jahres Pflicht sind. Es ist eine Untersuchung, die andere Eltern schon Monate im Voraus mit Horror erfüllt. Wie peinlich wäre es, wenn ihr Kind bei einer solchen Untersuchung schlecht abschneidet oder gar durchfällt und noch ein weiteres Jahr auf den ersehnten Schulstart warten muss?

Während dieser Untersuchung wird die Schulfähigkeit deines Kindes daran gemessen, ob es einfache Formen nachzeichnen, einen

Fisch mit sich kreuzenden Linien malen und auf einem Bein hüpfen kann. Sollte dein Kind die Anforderungen nicht erfüllen, so wird die anwesende Ärztin, wieder ein ÜPC, dies aber nicht auf eine mangelnde Schulfähigkeit zurückführen, sondern auf den nicht vorhandenen Willen deines Kindes zur Kooperation. So wie bei uns geschehen. Fast könntest du den Eindruck haben, es gäbe eine Pro-eingeschultem-Kind-Pauschale für die anwesende Ärztin.

Kinder werden heute nicht mehr einfach so zurückgestellt. PUNKT. Im Gegenteil: Wurden die Kinder früher mit ungefähr sieben Jahren eingeschult, so gibt es heute immer häufiger Kinder in den ersten Klassen, die noch nicht einmal sechs Jahre alt sind.[4]

Impfen

Impfen funktioniert. Die überwältigende Mehrheit der wissenschaftlichen Untersuchungen beweist, dass – auch wenn einige individuelle Fälle schlechte Reaktionen auf die Impfstoffe zeigen – sich die Gesundheit unserer Gesellschaft als eine Folge der Impfungen signifikant erhöht hat.

Aber anscheinend hat sich die Gesellschaft in den letzten Jahren rumgedreht, Eltern in Alarmbereitschaft versetzt und Zweifel gesät. Als Resultat sind zu viele Kinder nicht geimpft und damit wesentlich größeren Risiken ausgesetzt.

Hartnäckig hält sich beispielsweise das inzwischen widerlegte Gerücht, dass die kombinierte Impfung gegen Masern, Mumps und Röteln (MMR) Autismus auslöse.[5]

Als meine beiden Jungs klein waren, hatte ich davon noch nichts gehört. Als es ums Impfen ging, atmete unser Kinderarzt – Professor an der Uniklinik – tief ein, um mir lang und breit die Vorteile des Impfens zu erläutern. Als ich ihn nach zwei Sätzen unterbrach, um

---

4   Siehe *http://is.gd/ueberfordert*
5   Siehe *http://is.gd/impfenundautismus*

ihm zu sagen, dass ich meine Kinder auf jeden Fall impfen wolle, machte er ein verdutztes Gesicht.

Ich konnte mich nämlich noch erinnern, dass ich alle diese Krankheiten durchgemacht hatte inkl. der Windpocken, gegen die wir unsere Kinder auch impfen ließen. Und diese Erfahrung war wirklich einmal etwas, das ich meinen Kindern unbedingt ersparen wollte.

Erst später erfuhr ich, dass es sogar Gruppen von Leuten gibt, die Kinderkrankheiten als wichtig in der Entwicklung des Kindes ansehen und die überzeugt sind, dass jede diese Krankheiten ein spezielle Aufgabe erfüllt. Diese Leute sind so erfreut, wenn eines ihrer Kinder eine Kinderkrankheit hat, dass sie sofort eine Ansteckungsparty schmeißen, damit die ganze Clique dann ein paar Tage bettlägerig ist.

PRO-TIPP

Durchs Impfen könnten deine Kinder Superkräfte erlangen, sag also nicht nein!

KAPITEL 3

Dein Kind und seine Aktivitäten

Kommunikation mit Kindern

Du wunderst dich, warum dein Kind niemals antwortet, wenn du es rufst? Du fragst dich, warum es immer noch nicht sein Zimmer aufgeräumt hat, obwohl du die Anweisung dazu schon vor Stunden die Treppe hoch gebrüllt hast? Warum die Kommunikation mit Kindern so schwierig ist, erklärt sich schnell, wenn du dir die Unterschiede zwischen TCP (Transmission Control Protocol) und UDP (User Datagram Protocol) anschaust.

Wenn du deinem Kind etwas zurufst, ohne dass es dich sehen kann, ist es, als würdest du UDP benutzen. Es geht zwar schnell, aber du weißt nicht, ob deine Nachricht wirklich angekommen ist. Wenn es so aussieht, als sei die Nachricht bei deinem Kind nicht angekommen (ob sie in Wirklichkeit angekommen ist oder nicht, kannst du ja nicht wissen), kann das drei Ursachen haben:

1. Dein Kind hat dich nicht gehört, weil die Distanz zwischen dir und deinem Kind zu groß oder die Musik zu laut war, oder weil es sich in Gedanken befand.

2. Dein Kind hat dich gehört, aber wieder vergessen, was es tun sollte.

3. Dein Kind hat dich gehört, beschließt aber, so zu tun, als hätte es dich nicht gehört.

Es empfiehlt sich deshalb, bei jeglicher Kommunikation mit deinem Kind, das TCP-Protokoll zu verwenden. Und das geht so:

1. Du gehst in den Raum, in dem sich dein Kind befindet.
2. Du gehst zu deinem Kind.
3. Du stellst dich vor dein Kind.
4. Du greifst dein Kind sanft bei den Händen.
5. Du drehst dein Kind zu dir.
6. Du siehst ihm tief in die Augen.
7. Du sagst mit so wenigen Worten wie möglich, was du möchtest. Und fragst, ob es das verstanden hat. (SYN)
8. Dein Kind sagt, es hat dich verstanden und wird tun, was du möchtest. Später. (SYN-ACK)
9. Du sagst: »Jetzt.« (SYN)
10. Du stehst neben deinem Kind und wartest, bis es erledigt hat, was du möchtest.

Die TCP-Kommunikation ist wesentlich aufwendiger, aber, wie du siehst, wesentlich zielführender als UDP.

Ausreden erfinden

Viele Kinder sind große Meister im Ausredenerfinden. Geht etwas kaputt, so ist es niemand, eines der Geschwister (»Sie war's, sie war's. Er war's, er war's«) oder gerne auch mal die Katze gewesen. Selbst bei schmutzigen Handabdrücken an Wänden kommt laut unseren Kindern einzig die Katze als Täter in Frage.

Die Katze schreibt auch gerne den Namen von Kindern auf die Wände im Treppenhaus. Sicher hättest du auch gerne eine so schlaue Katze. Leider kann sie nicht die Spülmaschine ausräumen.

Unsere eigenen Kinder sind auf gewisse Weise arm an Ausreden, zumindest, wenn die Katze nicht im Spiel ist. Das mag daran liegen, dass ihre Verwandtschaft in einem Paralleluniversum aus lauter Kriminalisten und Forensikern besteht. Deshalb begnügen sie sich oft schlicht mit Abstreiten. »Ich weiß nicht, wie Wick-VapoRub-Spuren, die wie mein Name aussehen, an die Rückwand des Kleiderschrankes kommen.« Auch die Spritzer auf der Klobrille sind für alle Beteiligten immer völlig unerklärlich.

Aber nicht nur wenn Kinder etwas gemacht haben sollen, sind sie um Ausreden nicht verlegen, sondern eben auch, wenn sie etwas tun sollen. (»Ich kann das nicht tun, Dave.«) So verschwinden unsere Kinder regelmäßig für lange Zeit auf die Toilette, wenn die Spülmaschine ausgeräumt werden soll, oder da sind noch Hausaufgaben, die keinen weiteren Aufschub dulden. Um die eigenen Schuhe oder Pantoffeln zu finden, sind meine Kinder gerne mal zu müde.

- Ich hab keine Beine mehr.
- Ich bin zu müde.
- Das war bestimmt die Katze.
- Das hab ich doch schon letztens gemacht. (Meistens, wenn es ums Duschen geht.)
- Ich kann jetzt nicht, ich muss noch Hausaufgaben machen. Alternativ: mein Zimmer aufräumen. (Niemals würde er das freiwillig tun!)
- Ich kann jetzt nicht Abend essen kommen, ich muss noch Vokabeln lernen, sagte Fr. Kleinkind.

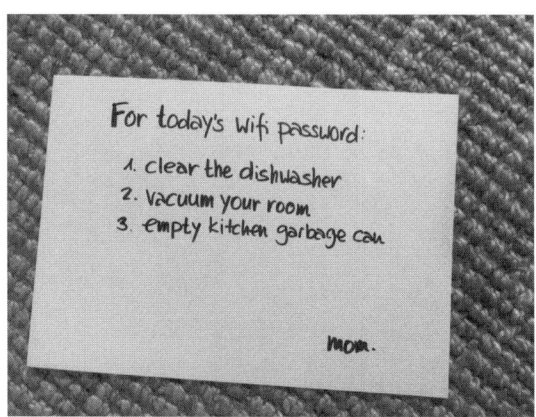

Auch eine Möglichkeit, seine Kinder zum Helfen zu bewegen

Babyausstattung

Warst du schon in einem Babyfachmarkt? Oder hast du schon auf den einschlägigen Online-Shop-Seiten gesurft? Als du die Preise aller Dinge, die sicher praktisch im Umgang mit dem Kind sein könnten, zusammengerechnet hast, kamst du vermutlich auf den Preis eines Gebrauchtwagens.

Aus meiner Erfahrung kann ich sagen, dass du 90 % der Dinge, die du meinst dringend zu brauchen, ruhig im Laden lassen kannst. Viele Dinge, die dir noch im Shop unglaublich praktisch erschienen, erweisen sich im Alltag als völlig nutzlos oder unpraktisch. Kinderkriegen ist da wie Wandern und Zelten: Aus lauter Vorfreude schafft man jede Menge Kram an, der dann aber in der Praxis höchstens einmal zum Einsatz kommt.

Die Highlights der Unnützlichkeiten aus meinem Social Network

1. Sterilisator/Vaporisator für Babyflaschen. Geht im Topf viel schneller und nimmt keinen Platz weg.

2. Babyteller, in den du warmes Wasser einfüllen kannst, damit der Brei warm bleibt. Meine Kinder waren da nie anspruchsvoll. Nur zu heiß darf es nicht sein, wenn das Essen kalt ist, machte ihnen das nichts.

3. Ein Sitz, den du auf einen Stuhl binden und in dem du dein Baby anschnallen kannst, falls mal kein Kinderstuhl vorhanden ist. Ich persönlich finde den Elternschoß da um längen praktischer, und vor allem kannst du den nicht zu Hause vergessen.

4. Babybadehilfe, die du in die eigentliche Babywanne stellst, wenn dein Baby noch sehr klein ist. Mit dem richtigen Griff, guter Vorbereitung oder zu zweit ist sowas völlig unnötig.

Außerdem nimmt es unglaublich viel Platz weg. Die Babybadewanne nimmt schon genug Platz weg, kann aber wenigstens einige Jahre als Planschbecken auf der Terrasse weiterverwendet werden.

5. Flaschenwärmer. Reste von Babymilch solltest du entsorgen und auf keinen Fall warm halten. Dann lieber noch mal eine frische Flasche machen.

6. Badeeimer. Unsere Kinder haben ihn gehasst und darin nur geschrieen. Viele andere Kinder auch. Ich habe aber auch von Eltern gehört, deren Kinder das toll fanden. Brauchen tust du ihn auf jeden Fall nicht.

7. Babyphon haben wir, obwohl die Kinder ein Stockwerk höher schlafen, nie vermisst. Deine Kinder schreien laut genug, und vor allem bist du nach kurzer Zeit so abgerichtet auf weinende Kinder, dass du meistens schon merkst, dass sie wach sind, bevor sie richtig anfangen zu schreien.

   Mittlerweile gibt es sogar Babyphones mit Videokamera. Vom Geek-Faktor des Dings mal abgesehen, was gibt es denn Schöneres, als nachts ins Kinderzimmer zu schleichen und sein schlafendes Kind anzusehen? Wozu braucht man da eine Kamera, wo es nachts im Zimmer doch eh dunkel ist? Ein Infrarot-Scheinwerfer könnte da sicher Abhilfe schaffen.

8. Heizstrahler für die Wickelkommode. Ich habe mich immer gefragt, wer sowas kauft. Bei Ankunft unserer Tochter hatten wir sogar die Wickelkommode ihrer großen Brüder schon verschenkt und haben keine neue mehr gekauft. Wir haben sie auf dem Bett gewickelt. Das fanden wir viel praktischer. Heizstrahler sind obendrein immer eine Gefahren- und Unfallquelle.

9. Lauflernhilfen. Ich gestehe, beim ersten Sohn hatten wir so ein Ding. Ich weiß gar nicht mehr, wer uns das schenkte. Sicher die Großeltern. Unser Sohn fand es super, vor allem, weil es ein Cockpit mit Schaltern und Geräuschen hatte. Praktisch war, dass er, einmal in das klobige Gestell eingespannt, nicht mehr an Regale und Schränke kam – das Fahrgestell hielt ihn auf Abstand. Schneller laufen gelernt hat er dadurch nicht.

Mittlerweile wird von den Hilfen ohnehin deutlich abgeraten (*http://www.kindersicherheit.de/html/lauflernhilfe.html*).

10. Babywippe. Mir würde kein Use Case für so ein Teil einfallen. Unsere Kinder krabbelten auf dem Boden, saßen beim Essen in Hochstühlen mit Bügel vorne, und wenn sie weinerlich waren, hatten wir sie im Tragetuch.

Was brauchst du wirklich?

1. Ein Kinder- bzw. Babysitz ist natürlich ein absolutes Muss, wenn du mit dem Auto unterwegs bist.

2. Ich fand unseren Kinderwagen total unpraktisch und habe ihn so gut wie nie benutzt. Mein Mann hat ihn geliebt, aber er ist insgesamt sicher nur auf 100 Kinderwagen-Kilometer bei drei Kindern gekommen. Ich hatte immer Tragetücher, nicht nur zum Spazierengehen, sondern auch im Haus, wenn ich Dinge erledigt habe, zum Beispiel Essen machen. Am Herd nicht gerade, aber ansonsten fanden wir beide die Tücher sehr praktisch, und die Kinder liebten sie. Irgendwann sind Kinder leider zu schwer dafür, da lohnt sich ein Buggy. Aber ich denke, ob Kinderwagen ja oder nein hängt von der persönlichen Nutzung und den Vorlieben ab. Es geht jedenfalls auch ohne.

3. Unsere Tochter hatte anfangs auch kein eigenes Bett, sondern schlief zwischen uns. Ihre großen Brüder hatten zwar beide von Anfang an ein eigenes Bett, waren aber auch die ersten Monate vor allem im Elternbett untergebracht. Wir haben das »Nicht-mehr-Aufstehen-müssen« in der Anfangszeit als recht angenehm empfunden. Mittlerweile schläft sie in einem eigenen Bett, auch wenn sie nachts hin und wieder, oft unbemerkt, in unser Bett krabbelt.

4. Heiß geliebt waren bei uns auch immer Bobycar und Laufrad, zumindest für die größeren Babys ab zwei Jahren. Laufräder sind sehr praktisch, weil man zum einen beim Spazieren nicht immer auf den Nachwuchs warten muss, und zum anderen dein Kind dann schneller Fahrrad fahren lernt.

5. Irgendeine Form der nächtlichen Beleuchtung – ob die Straßenlaterne durchs offene Fenster oder eine schummrige Lampe mit 1 Watt LED Birne drin. Unsere Kinder verlangten und verlangen immer noch, dass es nachts in ihren Zimmern nicht zu dunkel ist. Momentan reicht eine Ikea-Papierstehlampe im Treppenhaus, um mit einer 3 Watt-LED-Birne zwei Etagen für alle zufriedenstellend zu beleuchten. Es muss keine Spezialausrüstung sein.

Du siehst, es lohnt sich auf jeden Fall, erst einmal zu warten, was dir im täglichen Leben Probleme bereitet, und dann gezielt nach Lösungen zu suchen, anstatt sich einmal durch den kompletten Babyfachmarkt zu kaufen.

Elektronisches Spielzeug

Auch wenn du ein Freund von elektronischen Dingen bist, wirst du eines sicher hassen: elektronisches Spielzeug. Ich rede hier nicht von ferngesteuerten Autos, die sind meist harmlos. Die Hersteller von Kinderspielzeug sind offenbar der Ansicht, dass Spielzeug heute ordentlich Krach machen muss, um Kinder zu faszinieren. Und sie haben Recht!

Du fühlst du dich womöglich sicher, weil du nie auf die Idee kommen würdest, deinem Kind so etwas zu kaufen. Außerdem hast du Mittel und Wege, ihnen die in der vorweihnachtlichen Werbung angepriesenen Spielzeuge wieder auszureden. Aber eins hast du vergessen: deine Verwandtschaft. Wenn es um lärmerzeugendes Spielzeug geht, dann ist auf sie Verlass.

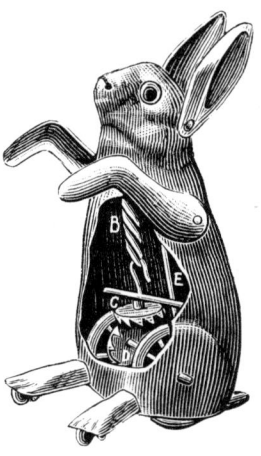

Mir ist nicht ganz klar, warum insbesondere Großeltern eine wahre Freude daran haben, Kindern so etwas zu schenken. Ob sie sich an uns, ihren Kindern rächen wollen? Meist bekommen Kinder diese singenden und dröhnenden Geschenke, wenn sie Oma und Opa besuchen. Das Beste ist, wenn du dich beim Verabschieden für das Geschenk bedankst und deinen Kindern erklärst, dass dieses besondere Spielzeug bei den Großeltern auf den nächsten Besuch deines Kindes wartet. Leider sind für diesen Vorschlag meist weder Kind noch Großeltern zu haben.

Alternativ könntest du das Geschenk unauffällig vergessen, aber auf sowas achten beide Parteien meistens. Außerdem bestünde die Gefahr, dass der Verlust nach der Hälfte der Autofahrt auffällt und dein Kind so lange heult, bis du umkehrst und das Geschenk abholst.

So bleibt dir nur, deinen Kindern zu verbieten, das Ding in deiner Gegenwart zu benutzen und darauf zu hoffen, dass die Batterien bald den Geist aufgeben. Ist dein Kind noch klein genug, kannst du ihm nach Ende der Batterielaufzeit erklären, dass das Spielzeug jetzt kaputt sei, aber dass es doch auch ohne Ton schön sei. Sollten deine Kinder allerdings schon reden können, wirst du mit einem einfachen »kaputt« nicht mehr durchkommen. Sie werden dich mit erwartungsvollen Augen ansehen und dir freundlich aber bestimmt erklären: »Papa, Pattari rein tun.« Wer kann dazu schon nein sagen?

Als letzte, aber sehr unmoralische Lösung bliebe schließlich nur noch die Sabotage. Aber das haben wir bisher nie übers Herz gebracht.

Das Horrorpuzzle

Eines Tages bekamen wir ein Geschenk von einem der Großelternpaare. Es kam ganz harmlos als Holzpuzzle daher. Auf die Puzzleteile, die man in die ausgesparten Stellen eines Holzbretts stecken musste, waren Tiere mit Instrumenten gedruckt. Das Holzbrett allerdings hatte in jeder Aussparung einen Fotosensor, sodass das Puzzle das Geräusch des Instruments wiedergab, das das Tier auf dem Puzzleteil in der Hand hatte, wenn das Puzzleteil passte.

Naturgemäß landeten nicht immer alle Puzzleteile abends in den entsprechenden Löchern. Zudem funktionierten die Fotosensoren nicht nur beim Puzzeln, was schon nervig genug war. Nein, auch nachts, wenn ein Auto vorbeifuhr und das Zimmer für einen kurzen Moment erleuchtete, wurden die Geräusche der fehlenden Puzzleteile abgespielt.

Längst war das Puzzle in der hintersten Ecke des Kinderzimmers verschwunden und einige der Teile für immer verloren gegangen, da hörten wir nachts seltsame Geräusche. Es klang ein bisschen wie der Bass einer Festzeltdisco im Nachbarort. Aber das Geräusch schien eindeutig aus dem Kinderzimmer zu kommen. Nach kurzer Suche fanden wir das Puzzle, dessen leere Batterien zu einer Funktionsstörung geführt hatten.

Andere Spielzeuge, bei denen wir uns immer gewünscht hatten, dass die Batterien innerhalb von wenigen Tagen ihren Geist aufgäben, hielten hingegen jahrelang. So haben tatsächlich Großeltern es gewagt, unseren Kindern ein Megafon zu schenken. Wer solches Spielzeug erfindet oder kauft, hatte entweder nie Kinder oder hat vergessen, wie laut Kinder auch ohne ein solches Ding sein können. Dieses Megafon ist schon seit sieben Jahren mit der ersten Batterie völlig funktionstüchtig und wird jetzt eifrig von unserer dreijährigen Tochter benutzt. Der Albtraum aller Eltern.

Welches Spielzeug brauchen Kinder?

Wenn du der Werbung glauben darfst, brauchen Kinder dreimal im Jahr – Weihnachten, Ostern und zum Geburtstag – komplett neue Spielsachen. Die Werbung behauptet, dass Playmobil-Welten, ferngesteuerte Autos mit Überwachungskameras und pinkelnde Sprechpuppen unsere Kinder glücklich machen. Das tun sie auch, genau zwei Tage lang.

Obendrein ist in der Werbung inzwischen auch jede Langbeinpuppe »pädagogisch wertvoll« und macht nicht nur glücklich, sondern auch noch schlau und im Berufsleben erfolgreich.

Das Problem ist, dass deine Kinder mit diesem überzüchteten Spielzeug genau auf eine Art und Weise spielen können, eben so, wie sich der Hersteller das gedacht hat. Das ist anfangs spannend, wird aber ziemlich schnell langweilig.

Vielleicht stellten sich deine Kinder das Spielzeug auch toller vor, als es in Wirklichkeit ist. Nach dem Motto: Vorfreude ist die schönste Freude. Wir kennen das schließlich auch von den großartigen Gadgets, die wir dringend haben müssen und die dann einfach nur irgendwie okay sind, aber niemals so großartig und nützlich, wie wir erhofft hatten.

Solange es um die Wünsche unserer Kinder, und nicht unsere eigenen geht, ist uns eigentlich schon nach dem zweiten Weihnachten klar, wie das tolle Spielzeug enden wird. Trotzdem lassen wir uns oder die Großeltern immer wieder breitschlagen, dieses Spielzeug zu kaufen.

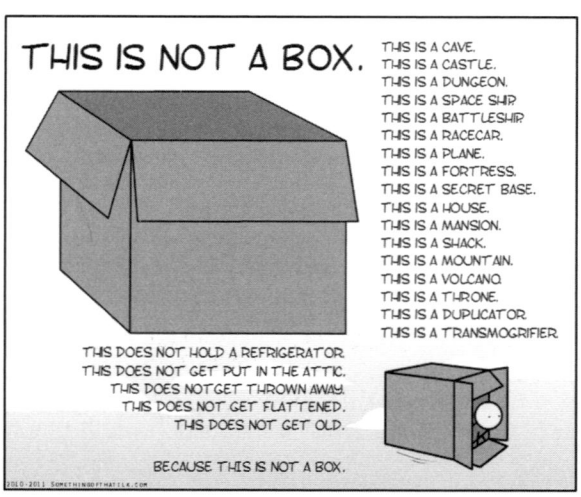

Quelle: *http://www.somethingofthatilk.com/comics/144.jpg*
© Ty Devries

Eigentlich brauchen Kinder nur sehr wenig Spielzeug. Die meiste Zeit spielen sie mit den Dingen, die wir Erwachsenen benutzen. Wenn ich koche, tut Fr. Kleinkind so, als koche sie auch. Oder sie will mir helfen. Wenn ich Papiere ablege, nimmt sie sich einen Ordner und Locher und heftet mit. Wenn ich vor dem Computer sitze, holt sie ihren Pappcomputer und tippt wie wild.

Die wenigen Spielzeuge, die unsere drei Kinder alle sehr lange genutzt haben oder noch nutzen

1. Pappkartons, Tesa, Schere und Stifte

2. Stöcke, Holz, Hammer und Nägel, Faden, Klebeband, Seile

3. Fimo (eine Modelliermasse, die im Backofen hart wird)

4. Duplo-Eisenbahn

5. Lego

6. Fischer-Technik

Selbstgebaute Papierflieger

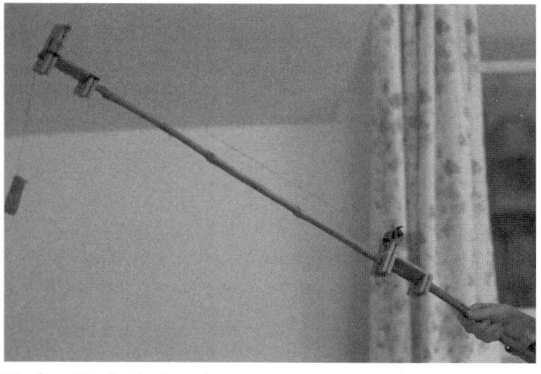

Fischer-Technik-Angel

7. Spiel-Elektrogeräte: Winkelschleifer, Kettensäge, Presslufthammer aber auch Mixer und Pürierstab

8. Spielgeschirr und Spielkochausrüstung

9. Kaufladen mit Essenssachen

10. Wasser aus einem Schlauch oder Wasserhahn

11. Bobby-Car, Laufrad, Fahrrad und Strassenmalkreide

12. Bei Mädchen Puppe und insbesondere Wickelausstattung

13. Schwerter (aus Holz oder aus hochwertigem Schaumstoff)
14. Bücher, Bücher, Bücher

Sohn beim Eis-Bildhauern

Experimente von Kindern

Kinder machen viele Experimente. Durch Experimentieren lernen sie. Du solltest den Experimentiersinn deiner Kinder auf jeden Fall unterstützen. Aber: Nicht selten erschließt sich dir der wissenschaftliche Wert dieser Experimente nicht gleich. Deine Kinder werden höchst erfinderisch sein und dich immer wieder mit Ungeahntem verblüffen.

So wunderten wir uns wochenlang über einen seltsamen Uringeruch im Gästeklo. Da wir Katzen haben, die auch zeitweilen nicht immer ihr Klo benutzten, dachten wir zunächst, sie wären es gewesen. Doch auch nach mehrmaligem Putzen – der Gestank blieb.

Nach einiger Zeit fand ich heraus, dass sich im Becher des Klobürstenhalters sehr viel Wasser befand. Ich war sehr erstaunt und kippte das Wasser in die Toilette. Dabei bemerkte ich, dass es sich eben nicht um Wasser handelte, sondern offensichtlich um ein wissenschaftliches Experiment unserer Kinder, wieviel Pipi in einen solchen Klobürstenhalterbecher geht. Und siehe da, nach Abbruch des Experimentes roch es auch gar nicht mehr nach Urin im Gästeklo.

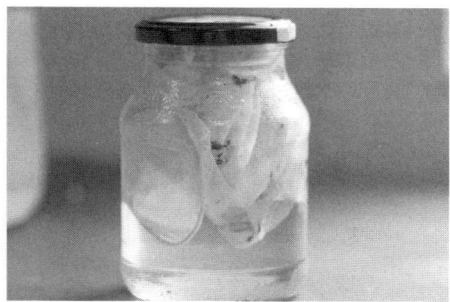

Etwas, das ich in unserer Küche fand.
Vermutlich ein missglücktes Experiment

Die besten drei Experimente, die unsere Kinder gemacht haben

1. Das oben erwähnte Urin-Experiment
2. Verschimmelte Teebeutel im Kinderzimmer. Ein Versuch zur Parfumherstellung, wie mir versichert wurde.
3. Rasenschnitt im Sommer in einem Bottich mit viel Wasser vermischt und einige Tage stehen gelassen. Worauf wir nur durch einen unerträglichen Gestank aufmerksam wurden. Vermutlich der Versuch einer Bakterienzucht.

Ich kann mich auch noch an ein wunderbares Experiment erinnern, das ich als Kind machte. Ich hatte von jedem Gewürz und allen Gewürzsoßen, die meine Mutter besaß, eine Mischung in einem Plastikbecher angerührt und diesen hinter der Küchentür versteckt. Täglich ging ich gucken, ob sich irgendetwas tat. Es schäumte ein bisschen, aber war so unspektakulär, dass ich den Becher irgendwann vergaß. Als ich nach einigen Monaten wieder nachschaute, war mein Experiment verschwunden. Eltern halt.

Ein anderes Mal fand ich selbstständig heraus, dass man mit Wasser und Mehl einen super starken Kleber herstellen kann. Die letzten Reste der lila Serviette, die ich für Versuchszwecke an ein Ikea-Kiefernholzregal klebte, sind heute noch in meinem alten Kinderzimmer zu bewundern.

Wie dich Kinder in Angst und Schrecken versetzen können

Wenn ich eines in den letzten Jahren mit meinen Kindern gelernt habe, ist es, Angst auszuhalten. Angst um meine Kinder. Beim ersten Kind war ich noch sehr verängstigt und verbot meinem Sohn alles, was auch nur annähernd gefährlich sein könnte. Auf einem Stuhl steigen, auf dem Elternbett rumhüpfen und auch sonst alles, was Kinder gerne tun, um ihre Eltern in Angst und Schrecken zu versetzen.

Beim dritten Kind sah ich das dann wesentlich lockerer. Gut, wenn die damals noch Zweijährige jetzt unbedingt auf diesen Tisch steigen musste, dann sollte sie das eben machen. Vielleicht war ich die Ermahnungen auch satt, die ohnehin so gut wie nutzlos waren; die anderen zwei machten die verbotenen Dinge dann eben, wenn ich wegguckte. Ihr all diese »gefährlichen« Sachen nicht zu verbieten, hat dazu geführt, dass sie nun nicht so grobmotorisch wie der Rest unserer Familie ist. Alternativ könnte sie auch von einer mutierten Spinne gestochen worden sein und in Wirklichkeit ist sie Spidergirl. (Nee, unwahrscheinlich!)

Wie auch immer. Unseren Kindern ist bei allen diesen Aktionen, verboten oder nicht, zum Glück nie etwas Schlimmes passiert. Einmal haben wir den mittleren Sohn röntgen lassen müssen, weil er beim Springen vom Bett gefallen war. (Und ich sag noch!) Ein anderes Mal hatte der gleiche Sohn wirklich den Arm gebrochen, weil er von einer Rutsche gesprungen war. (Rutschespringen war auch nicht verboten gewesen. Gleich mal auf die Liste setzen.) Ansonsten verlor Fr. Kleinkind mit 1,5 Jahren ein klitzekleines Stück eines oberen Schneidezahns, als sie von einem Kinderstuhl fiel.

Wenn ich mir die Unfallquote bei meinen drei Kindern in 11 Jahren ansehe, glaube ich, dass wir einfach mehr Vertrauen in die Fähigkeiten unserer Kinder haben sollten. Auch wenn wir dabei manchmal mit zugehaltenen Augen auf dem Spielplatz stehen müssen.

10 Dinge, wie deine Kinder dich innerhalb von Sekunden in Panik versetzen können

1. Balancieren am offenen Fenster.
2. Sich losreißen und auf die Straße rennen.
3. Auf einen hohen Baum klettern.
4. Nachts durchschlafen. (Oh, mein Gott. Lebt es noch?)
5. Mit einem Schraubenzieher an einer Steckdose rumfummeln.
6. Wenn Schule und Kindergarten anrufen und sagen, dass eigentlich nichts passiert sei, aber du doch besser dein Kind abholen sollst.
7. Ohne Helm Fahrrad fahren.
8. Im Alter von zwei Jahren mit einem scharfen Messer Möhren schneiden.
9. Sich eine Erbse in die Nase stecken.
10. Auf einem Roller mit einem Affenzahn den Berg herunter rasen.

10 Dinge, mit deren Androhung allein du dein Kind vor Angst losschreien lassen kannst

1. Es nach Erreichen des sechsten Lebensjahres vor anderen Kindern küssen.
2. Brokkoli kochen.
3. Wasser in die Badewanne laufen lassen.
4. Das vergessene Butterbrot in die Klasse bringen.
5. Als Vater in roter Hose und Trenchcoat auf dem Schulfest auftauchen.

6. Sein Kuscheltier seinen Freunden zeigen.
7. Besser: Die Unterhosen deines Kindes seinen Freunden zeigen.
8. Das Kinderzimmer aufräumen.
9. Dem Kind mit einem Finger das Gesicht sauber machen. Gern auch im Beisein der Freunde. Beste Wirkung: vorher den Finger mit Spucke befeuchten.
10. Einen Brustbeutel für die Klassenfahrt mitgeben.

Langeweile

Ich weiß nicht, für wen Langeweile schlimmer ist, für Kinder oder für die Eltern gelangweilter Kinder. Für mich ist die Langeweile meiner Kinder fast unerträglich. Meine Kinder werden nie müde, mir zu erzählen, wie langweilig ihnen gerade ist und dass sie gar nicht wissen, was sie spielen sollen. Das Schlimme ist aber, die Kinder wollen in diesem Moment gar keine Vorschläge von dir. Egal, was du auch sagst, sie lehnen es ab: »Geh doch mal in den Garten.« »Nee, den kenne ich ja schon.« »Dann mal doch was!« »Ich weiß aber nicht, was ich malen soll.« »Lern was für die Schule.« »Mama!«

Es sei denn, du erlaubst ihnen, Minecraft oder Hordes of Orcs zu spielen. Dann ist die Langeweile natürlich sofort verflogen. Aber das führt auf die Dauer leider nur dazu, dass deine Kinder sich noch mehr langweilen, wenn sie nicht vor dem Computer sitzen.

Am Schlimmsten sind gelangweilte Kinder, die sich neben dir rumdrücken und so tun, als würden sie in einem Buch blättern. In diesem Fall ist es kaum möglich, einen klaren Gedanken zu fassen. Ihre Langeweile wird praktisch fühlbar. Und sie macht dich ärgerlich: Langeweile zu haben, das wäre ja das Tollste überhaupt. Wie lange hattest du schon keine Langeweile mehr? Seit du Kinder bekommen hast?

Dabei ist Langeweile sogar ein Zustand, der überaus wünschenswert ist, weil er die Kreativität beflügelt, so sagen zumindest die Wissenschaftler. Aber Wissenschaftler haben keine Kinder, glaube ich, zumindest nicht meine. Wenn ich ihnen erkläre, es sei gut, dass ihnen langweilig wäre, weil dann ein Kreativitätsschub nicht mehr lange auf sich warten lasse, sehen sie mich nur an, als wäre ich Homer Simpsons Zwillingsschwester.

Schulferien zu Hause sind der Langweilalbtraum. Spätestens am zweiten Tag wissen deine Kinder weder ein noch aus. Das hält dann ein paar Tage an, bist du denkst, dass du deine Kinder für die nächsten Schulferien auf jeden Fall für ein Pfadfinder-Camp oder besser noch ein kirchliches Sommerlager anmelden musst. Nach einigen Tagen werden die großen Langeweilezeiten dann allerdings kürzer und seltener.

Gut bewährt hat sich bei uns, mit den Kindern mehrere Folgen Star Trek über Tage hinweg zu sehen. In dieser Zeit bauten sie Borgkuben aus Lego und assimilierten alles, was ihnen in den Weg kam. Sie bastelten eine Voyager aus Karton mit aus dem Internet ausgedruckten Schalttafeln. Zu guter letzt kneteten sie sich Trikorder aus Fimo[1] in das sie ein LED steckten. Über viele Tage war die Langeweile wie weggeblasen.

Borg-Cube aus Lego

---

1 Eine Modeliermasse, die bei 100 Grad erhitzt hart wird, siehe
   http://de.wikipedia.org/wiki/Fimo

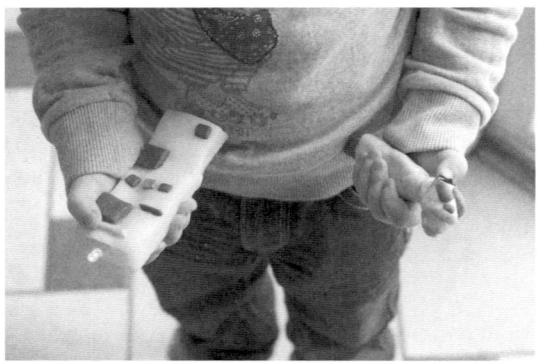

Der Fimo-Trikorder

Mehr zum Thema Langweile und Kreativität: *http://is.gd/Langeweile*

Langeweile außer Haus

Schlimmer als gelangweilte Kinder zu Hause sind gelangweilte Kinder unterwegs. Ich erinnere mich noch lebhaft, wie ich bei der Stadtverwaltung einen Personalausweis abholen musste und mein damals 6-jähriger Sohn in der kurzen Wartezeit von 10 Minuten vor lauter Langweile einen dieser Kulis am Spiralband zerstörte und sich in einen Blumentopf setzte.

Deine Kinder werden sich in solchen Situationen immer am meisten langweilen, wenn du dich gerade mit jemandem unterhältst und etwas Wichtiges klären musst, oder wenn du gerade in ein interessantes Gespräch vertieft bist. Ein minütliches »Mama, wann fahren wir endlich?« begleitet vom Zupfen am Arm. In solchen Situationen kannst du nicht darauf hoffen, dass deine Kinder sich etwas Tolles zum Spielen ausdenken. Vielmehr, das WILLST du gar nicht. Kinder verwenden ihre Kreativität nämlich in solchen Fällen gerne darauf, dich dazu zu bringen, sofort diesen Ort zu verlassen und sie hinter sich her ins Auto zu zerren. Und glaub mir, sie haben da ihre Methoden.

Bist du also länger mit deinen Kindern unterwegs oder ist klar, dass sie irgendwo länger warten müssen, während du etwas erledigst, dann nimm etwas zu ihrer Beschäftigung mit. Hörspiele, ein Tablet-PC mit Spielen und natürlich Bücher eigenen sich hervorragend. Bist du ungeplant aufgehalten worden und hast nichts dabei, denk einen Moment nach und gibt deinen Kindern eine sinnvolle Aufgabe. Vielleicht können sie schon einmal bezahlen oder etwas erfragen? Manchmal klappt das. Falls nicht, mach dich besser sofort auf den Weg, bevor dein Kind noch kreativ wird.

Chaos im Kinderzimmer

Ich glaube, der Tag an dem ich wirklich erwachsen wurde, war der, an dem ich ein auf dem Boden liegendes Kleidungsstück meiner Kinder aufhob, an dem ich bereits sechs Mal vorbei gekommen war. Denn mir war klar: Wenn ich es nicht aufhob, würde es niemand tun, denn ich war jetzt der Erwachsene, der das aufheben musste.

Mit deinen Kindern kannst du in deinen eigenen vier Wänden drei spannende physikalische Phänomene beobachten:

1. Kinderzimmer sind wie schwarze Löcher: Sie ziehen alle beweglichen Gegenstände aus der unmittelbaren sowie nicht ganz so unmittelbaren Umgebung an. So finden sich in Kinderzimmern Töpfe, Pfannenwender, Tesafilmabroller, schrumpelige Äpfel, alte Kekse, Schraubenzieher, Teller, Schüsseln, Akkuschrauber, Abschleppseile, Altpapier, Putzeimer, Christbaumschmuck, Lötkolben, Gartengeräte und Kissen, die nicht dorthin gehören. (»Ja, das kannst du benutzen, wenn du es später wieder zurückräumst« klappt einfach nicht. Versuch es gar nicht erst.)

2. Durch Kinder wird die Entropie im Haus stark erhöht. Gemäß dem zweiten Satz der Thermodynamik werden jegliche Gegenstände aus dem Kinderzimmer gleichmäßig im Haus verteilt. Nach einer gewissen Anzahl von Tagen sind Kinderzimmer und restliche Zimmer des Wohnbereichs nicht mehr von einander zu unterscheiden. (Und, ja, das steht im Widerspruch zu 1.)
   Der Garten gehört in diesem Sinne auch zum Haus.

3. Die Gravitation ist in Badezimmern, die von von Kindern benutzt werden, stark erhöht, was an den ständig am Boden liegenden Handtüchern abzulesen ist. Auch Zahnputzschaum wird dem Mund praktisch entrissen, um sich großzügig im Badezimmer zu verteilen.

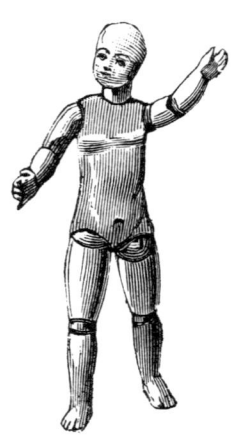

Mit Kindern wirst du nie ein großes Maß an Ordnung erreichen können, dennoch ist es gelegentlich nötig, das Chaos im Kinderzimmer zu bekämpfen. Wenn du schon mal nachts auf dem Weg zu deinem weinenden Kind auf einen Legostein getreten bist, weißt du, wie wichtig zumindest der freie Zugang zum Kinderbett ist. Und wenn du auf einen Siku-Baulaster trittst, um dich dann mit einem Bein im Fischer-Price-Parkhaus zu verfangen, während du mit dem anderen scheppernd im Blech-Kochgeschirr landest, dann wirst du dir wünschen, es wäre nur ein Lego-Stein gewesen.

Vermutlich musst du dein Kind immer mehrfach auffordern, sein Zimmer endlich aufzuräumen. Sehr wahrscheinlich mit dem Erfolg, dass genau gar nichts passiert, bist du schließlich wütend wirst. Das Kinderzimmeraufräumen stellt für Kinder eine zu große Herausforderung dar. Wie wenig Lust haben wir denn selbst, die Werkbank aufzuräumen oder im Büro den Serverschrank von unnötigen Gerätschaften zu befreien? Bei solchen großen Aktionen wie eben auch dem Kinderzimmeraufräumen, macht es Sinn, die Arbeit in kleinere Häppchen aufzuteilen.

Es ist besser, in kurzen Zeitabständen klare Anweisungen zu geben wie: Räum bitte alle herumliegenden Lego-Steine in diese Kiste. Oder: Stelle alle Kaufladensachen wieder in die Regale des Kaufladens. Am einfachsten ist es, wenn du mit deinem Kind aufräumst.

Nimm gleich zwei Müllsäcke mit, damit ihr Müll sowie kaputtes oder ungeliebtes Spielzeug gleich aussortieren könnt. Doch Vorsicht: Bisher ungeliebtes und nie bespieltes Spielzeug kann plötzlich zum allerliebsten Lieblingsspielzeug aufsteigen, wenn es weggegeben werden soll. Hier lohnt es sich, einige Wochen zu warten und in einem gut geplanten Ninja-Angriff, das Spielzeug nachts aus dem Kinderzimmer zu extrahieren.

Öfter mal ja sagen

Dein Kind wird im Laufe der Zeit immer wieder ungewöhnliche Bitten an dich herantragen, so zum Beispiel auf einer Leiter sitzend Abendbrot zu essen oder sich die Apfelschorle mit 2,5 Jahren selbst aus der Flasche einzugießen oder auf den höchsten Punkt des Klettergerüsts zu balancieren.

Bei all diesen Dingen wird dir dein Verstand zunächst sagen: nein! Das ist natürlich gut und richtig. Für einen Erwachsenen. Schließlich könnte sich das Kind verletzen oder eine Schweinerei machen oder sich verletzen und dabei eine Schweinerei machen.

Trotzdem sag ja. Kinder lernen durchs Spielen und Machen. Insbesondere bei den Dingen, bei denen sie eine Sauerei machen. Sie müssen ihre eigenen Erfahrungen machen und ihre körperlichen Fertigkeiten einschätzen lernen.

Je mehr du ihnen nicht erlaubst, desto bockiger und abhängiger werden sie und desto weniger hören sie, wenn du wirklich etwas verbieten musst, weil es total gefährlich ist, wie über die Straße zu laufen, wenn ein Auto kommt.

Setze ein Nein also niemals aus Bequemlichkeit ein oder weil es dir gerade nicht in den Kram passt oder weil du etwas schlichtweg für Unsinn hältst. Denke immer daran, dass Kinder dabei lernen, und erfreu dich an ihrer Fantasie.

Wenn du immer noch Einwände hast, dann überlege dir, wie du die Situation für euch beide entschärfen könntest. Zum Beispiel etwas drunterlegen, die Sache an einen anderen Ort verlagern oder einfach nur danebenstehen, falls doch etwas schief geht.

Je mehr du deinen Kindern verbietest, desto unselbstständiger bleiben sie. Sie werden nicht von alleine unterscheiden lernen, was gut und richtig oder falsch ist, was gefährlich und was nicht. Sie werden sich nichts zutrauen, immer an deinem Rockzipfel hängen und dich fragen, ob du ihnen helfen kannst.

Gründe, warum du ja sagen solltest

- Weil Kinder am meisten lernen, wenn sie ihren Interessen folgen und Dinge tun, die ihnen Spaß machen.
- Weil wir uns auch mal gehen lassen und den Moment genießen sollten.
- Weil ein Nein ewige Debatten oder Tränen nach sich ziehen würde, was nach kurzer Überlegung gar nicht nötig wäre.
- Weil die schönsten Momente mit Kindern vielleicht die am wenigsten geplanten sind.
- Weil sich Neins irgendwann abnutzen und unsere Kinder uns gar nicht mehr fragen.
- Weil wir, wenn wir wirklich nein meinen, gar nicht mehr ernst genommen werden.

Wann es Zeit ist, ja zu sagen

- Wenn dein Kind dich fragt, ob ihr gemeinsam einen Kuchen backen könnt.
- Wenn deine Kinder die Knete oder den Farbkasten rausholen und du dir um die Schweinerei Gedanken machst.
- Wenn du ihnen zum Einschlafen eine Geschichte vorgelesen hast und sie noch eine verlangen.
- Wenn sie den Weihnachtsbaum schmücken wollen.
- Wenn sie nach draußen gehen wollen, obwohl es regnet.
- Wenn dir dein Kind beim Putzen oder Handwerken helfen will.
- Wenn deine Kinder fragen, ob sie sich »ein paar Sachen« für ein Experiment ausleihen dürfen.

KAPITEL 4

Mit Kindern unterwegs

Wenn du es eilig hast, gehe ohne deine Kinder

Deine Kinder spüren es, wenn du es eilig hast, und es scheint, als würde das Leben deiner Kinder in Zeitlupe ablaufen, während du alle zwei Sekunden auf die Uhr schaust und es später und später wird. Du hast die Jacke an, den Autoschlüssel in der Hand und deine Kinder müssen erst noch etwas trinken, dann auf jeden Fall noch auf die Toilette, am besten noch ein großes Geschäft erledigen, und ihre Schuhe haben sie auch noch nicht an.

Insbesondere bei kleinen Kindern ist der letzte Punkt der zeitaufwändigste. Wenn es mal eine wirkliche Killerapplikation für RFID gäbe, dann wäre es das Auffinden von Kinderschuhen. Je kleiner das Kind, desto kleiner die Schuhe und desto schwieriger sind sie zu finden. Und es hilft ja noch nicht mal, wenn man einen gefunden hat. Der andere kann ganz woanders liegen.

Auch wenn du die Schuhe deines Kindes ordentlich an ihren Platz gestellt hast, »jemand« wird sie auf jeden Fall wieder weggetragen haben. Da hilft nur, bereits am Abend vorher zu suchen und die gefundenen Schuhe sofort an einen Ort zu bringen, an dem dein Kind sie nicht findet.

Aber selbst wenn du die Schuhe gefunden hast, bist du noch nicht am Ziel. Denn die Schuhe werden just an diesem Morgen zu klein geworden sein oder eine drückende Stelle haben. Das heißt, jemand will sich die Schuhe nicht anziehen lassen. Dein Flehen und Fluchen, dass es schon so spät sei, wird überhört. Du spürst, wie Wut und Verzweiflung in dir aufsteigen. Aber du denkst an dein Exception Handling und bist ganz tapfer. Nach diversen Versprechen, was dein Kind alles bekommt, wenn es die Schuhe angezogen hat, könnt ihr endlich mit angezogenen Schuhen zum Auto.

Doch genau heute will dein Kind auf jeden Fall noch die Tür vom Auto alleine aufmachen, selbstständig ins Auto klettern (am besten vom Vordersitz auf den Rücksitz oder umgekehrt) und sich selbst anschnallen. Du siehst erneut auf die Uhr. Ihr seid schon VIEL ZU SPÄT! Dennoch komm auf jeden Fall der Bitte deines Kindes nach, auch wenn du es eilig hast. Es dauert länger, wenn du schimpfst und diskutierst. Das dauert IMMER länger.

Im Auto fällt einem deiner Kinder dann ein, dass an diesem Tag lange Schule ist und dass es noch etwas vom Bäcker braucht. Schließlich ist euer Brot mit Körnern zu Hause ungenießbar. Aus der Garage gefahren, siehst du gerade die Müllabfuhr um die Ecke biegen. Verdammt, die Müllsäcke. Du schleppst die Müllsäcke an die Straße und bist dankbar, dass keiner von ihnen ein Loch hatte, so dass nichts auf deine Hose getropft ist.

Beim Bäcker angekommen sind die belegten Brötchen aus und der Typ vor dir muss noch seine Adresse auf sein Brotstempelsammelheft schreiben, währenddessen die Bedienung natürlich nichts anderes machen kann, als dem Mann zusehen. Dann rauschst du noch fast direkt nach der Ortseinfahrt in eine Radarkontrolle, nur um wenige Meter an einer roten Baustellenampel weitere kostbare Minuten zu verlieren.

Das Beste ist, du gerätst gar nicht in solche Situationen. Aber wie kannst du das verhindern? Am einfachsten ist es, du brüllst »Wir müssen jetzt sofort los!« 30 Minuten vor dem eigentlichen Aufbruch, und dann wartest du diese 30 Minuten gestiefelt und gespornt an der Tür. Du wirst sehen, das klappt super, und am Ende bist du sogar zu früh da.

Aus Sicht des Vaters: Von der Eile

Du hasst Verschwendung, insbesondere Zeitverschwendung. Sicherlich schlägst du auch mal mit einer Runde Minecraft deine Zeit tot, aber deine Dinge erledigst du in der kürzestmöglichen Zeit. Wenn Du um 9:00 Uhr einen Zahnarzttermin hast, kommst du um 9:00 Uhr beim Zahnarzt durch die Tür. Selbst wenn dein Terminplan gerade einmal nicht auf Kante genäht ist, willst du schnellstens mit der Sache fertig werden, an der du in diesem Moment arbeitest, weil du dringend mit dem nächsten große Projekt (z. B. Spülmaschine ausräumen oder Wikipedia durchlesen) beginnen willst.

Und jetzt sind da plötzlich kleine Leute in deinem Leben, die das ganz anders angehen. Du nimmst die Treppe und das Leben im Laufschritt, und die können auch mal 30 Minuten brauchen, um sich eine Socke anzuziehen.

Tief in deinem Innersten möchtest du eigentlich ständig mit der Trillerpfeife danebenstehen und sie antreiben. Dein Leben ist darauf angelegt, dass man etwa 45 Sekunden braucht, um Schuhe & Jacke anzuziehen und ins Auto zu steigen. Mit Kindern sollte das bequem in 90 Sekunden zu schaffen sein, denkst du ... Kurzum: vergiss es.

Angeblich ist das Wichtigste bei Kindern, Geduld zu haben. Das mag bei dir selbst nix werden, aber finde dich zumindest damit ab, dass ihr gemeinsam Zeit verschwenden werdet. Lass es einfach geschehen, kalkulier für alles die vierfache Zeit ein und hoffe, dass deine Kinder dich nicht als den Vater in Erinnerung behalten, der sie immer von allem Interessanten wegzerrte.

Aus Sicht des Vaters: Kindertransport

Spaziergang, Kirmes, Parkplatz fernab vom Ziel – was auch immer. Deine Frau wird so etwas sagen wie: »Ich hab den Kleinen zu Hause permanent auf dem Arm, jetzt bist du dran.«

Ob es jetzt 100 m oder 5 km sind, irgendwann wird dein laufendes Stück Erbgut auch objektiv nicht mehr weiter können. Oder zumindest wird der Aufwand und Zeitverlust, gegen das Gequengel zu argumentieren, größer, als der, den Transport selbst in die Hand zu nehmen. Oder besser gesagt: auf die Schulter. Denn Väter tragen ihre Kinder auf den starken Schultern. So will es das Rollenbild, und auf größeren Strecken ist das auch eine der bequemeren Transportweisen.

Kleine Kinder kannst du natürlich auch ins Tragetuch packen, aber dann musst du dich nicht wundern, wenn du von deinen Kumpels nicht mehr zum Dosenschießen eingeladen wirst, das sieht nämlich total affig aus.

Dann gibt es die tollen Kindertragegestelle. Die Dinger sind beliebig teuer zu bekommen, haben Komponenten, die direkt aus einem Mars-Rover weiterentwickelt sind, und sind so lala. Zwar kannst du damit kernig aussehen, als wolltest du auf das Matterhorn, die Geländegängigkeit ist fast unbegrenzt, aber die Interaktionsmöglichkeiten mit dem Nachwuchs sind doch sehr eingeschränkt.

»Papa, putz mir die Nase«, also Taschentuch raus und ... Trage ab, dabei selbst nicht umfallen, Kind nicht ausschütten, dem Kind nicht die Trage auf den Fuß stellen, Nase putzen und das Ding wieder aufsetzen. Das klappt einigermaßen mit Hilfe oder wenn man etwas wie einen Tisch zum Abstellen hat. Ist jedoch recht unerfreulich, wenn du gerade mit Kind auf dem Rücken als einsamer Wolf durchs Moor watest.

Aber: Dein Kind und du, ihr seid nah beieinander und zumindest bei unseren Kindern gilt es als der ultimative Komfort. Das von ihnen erfundene Wort »Trageliege« deutet das an.

Dreirad mit Schubstange. Geht. Muss aber unbedingt einen Freilauf haben, d. h. die Pedale drehen sich nicht mit, wenn du schiebst. Allerdings haben Dreiräder ein schlechtes Sperrigkeits-/Transportkapazitätsverhältnis, und das Kind fällt leicht runter, wenn es einschläft.

Das Nonplusultra unter den Kindertransportgeräten ist der Bollerwagen. Da passen mehrere Kinder und auch noch Gepäck rein. Die Kinder können, mit ein bisschen Übung, während der Fahrt ein- und aussteigen, was auf Spaziergängen unglaublich komfortabel für alle Beteiligten ist. Es gibt Bollerwagen mit Regendach, was für Leute in Gegenden mit wechselhaftem Wetter oder zu viel Sonne toll ist. Es gibt die sogar mit Wärmeschutzverglasung und Kufen. Klingt albern, funktioniert aber tatsächlich. Haben wir schon ausprobiert.

Also kauft euch einen Bollerwagen, egal ob ihr Stadt- oder Landkinder produziert. Wir haben deutlich mehr Kilometer mit dem Bollerwagen als mit dem Kinderwagen gemacht. Obendrein kann man das Ding noch für Vatertage recyceln.

Ein paar Dinge, die beim Bollerwagen-Kauf zu beachten sind

- Hat das Ding eine Feststellbremse? Ansonsten kann man es eigentlich nicht mit Kindern darin aus der Hand lassen. Nix mit »Ich spring mal eben rein zum Bäcker, ihr wartet hier«.

- Kriegst du das Ding ohne zu viele Handgriffe ins Auto? Und schafft deine Frau das auch?
- Können es die Kinder zum Transport von Langholz nutzen? D.h., ist die Vorder- und Rückwand rausnehmbar?
- Wenn ein Dach darauf ist, kann man mit den Kindern noch interagieren? D.h., ist der Wagen vorne offen oder hat er vorne ein Fenster?
- Ist die Deichsel lang genug? Wenn nicht, heben die Vorderräder bei kräftigem Ziehen ab – ausprobieren!

Autofahren mit Kindern

Ein Problem, dem sich alle autofahrenden Eltern stellen müssen, sind die kleinen Verkehrslehrer auf dem Rücksitz. Wir haben alles erlebt: vom Kindergartenkind, das ständig verlangte, man solle schneller fahren, bis zum Grundschüler, der einem mitteilt, man fahre 58, obwohl dort doch nur 50 erlaubt sei. Ganz schlimm war die Phase, als unser Mittlerer täuschend echt die Stimme des Navigationssystems nachmachen konnte und sich mit Anweisungen wie »Biegen Sie jetzt links ab!« vom Rücksitz meldete.

Auch wenn deine Kinder perfekte Geschwindigkeitskritiker sind, werden sie nie ein Helfer beim Fahren sein. Anweisungen wie »Schau mal, ob du einen freien Parkplatz siehst« oder Ähnliches brauchst du ihnen gar nicht zu geben. Das Beste, auf das du hoffen kannst, sind Aussagen wie »Dahinten vorhin irgendwo habe ich einen Parkplatz gesehen«.

Kinder haben zudem noch den Hang, ganz wichtige Fragen zu stellen, wenn du dich gerade in einer schwierigen Verkehrssituation befindest. Fragen wie »Befindet sich unter dem Ende vom Regenbogen wirklich ein Topf mit Gold?« oder »Gibt es Einhörner in echt?« müssen natürlich sofort gestellt werden, da können Kinder keine Rücksicht auf den Verkehr nehmen. Diese Fragen tauchen übrigens vor allem auf, wenn du gerade in der Innenstadt links abbiegen musst oder dein Auto in eine sehr enge Parklücke manövrieren willst.

Auf längeren Fahrten beginnen sich die Kinder natürlich schnell zu langweilen. Und was machen Kinder, wenn sie Langeweile haben? Sie fragen, wie lange es noch dauert, sie müssen auf Toilette oder sie müssen sich mit ihren Geschwistern auf dem Rücksitz zanken.

Egal, was du auch sagst oder schreist, sie werden nicht aufhören, sich zu zanken. Schätze dich glücklich, wenn du nur ein Kind dort sitzen hast. Der letzte Ausweg bei Zankerei ist, das Auto anzuhalten und noch einmal in aller Deutlichkeit deinen Wunsch nach Ruhe und Frieden auf der Rückbank zu formulieren.

Gerne fangen Kinder während der Autofahrt auch einfach an zu summen oder zu singen. Text und Melodie sind meist frei erfunden, sodass es selbst den unmusikalischsten Ohren irgendwann Schmerzen bereitet. Mehrere Kinder stimmen dann gerne in einen Kanon ein, wobei es wichtig ist, dass jedes Kind einen leicht anderen Text singt, geht ja auch nicht anders, weil der Text just in diesem Moment erfunden wird. Ebenso wichtig ist es, von Strophe zu Strophe lauter zu werden.

Dem kannst du nur entgegenwirken, indem du selbst Musik oder ein Hörspiel anmachst. Ich möchte dir aber von Hörspielen für Kinder unter sechs ganz klar abraten. Benjamin Blümchen und Bibi Blocksberg sind einfach gar nicht zu ertragen, das kannst du nur machen, wenn du nur ein Kind hast und dieses Kopfhörer besitzt. Unsere (damals) Zweieinhalbjährige hörte mit Leidenschaft »Die drei ???«

-Hörspiele, die zumindest für mich noch recht gut zu ertragen sind. Andere Familienmitglieder sehen das leider nicht so.

Mit Kindern im Urlaub

Urlaubsreisen mit Kindern sind ein Riesenspaß. Insbesondere, wenn du mit dem Auto unterwegs bist. Sicher kennst du den Witz mit den Kindern, die im Auto sitzen und alle zwei Minuten abwechselnd fragen, wann sie endlich da sind, und dass sie Pipi müssen. Ich möchte dir sagen: DAS IST KEIN WITZ. Kinder machen sowas.

Vor einer kleinen Reise in die Alpen saßen die Kinder und ich in der Garage im Auto und warteten auf meinen Mann. Da fragt unsere damals zweijährige Tochter allen Ernstes vom Rücksitz: »Mama, wie lange fahren wir noch?« Und das war wirklich witzig.

Autofahren mit Kindern macht ungefähr so lange Spaß, wie neue Die Drei ???-Hörspiele laufen, die Kinder permanent etwas zu essen im Mund haben, das in ihrer direkten Reichweite stehen sollte, oder am besten, wenn sie schlafen.

Zeitweise verwendeten wir Lollis als Schalldämpfer – das führte zu erheblichen Klebeproblemen, wirkte aber ansonsten gut. Die Benutzung von Tablet-PCs ist nur empfehlenswert, wenn du weniger als drei Kinder hast, weil sonst einer nicht richtig reingucken kann. Da ist Streit vorprogrammiert.

Auf keinen Fall solltest du deinen Kindern während der Fahrt für längere Zeit klebrige Getränke in die Hand geben, du wirst es auf jeden Fall bereuen. Vor allem solltest du im Vorfeld der Reise bereits gymnastische Übungen in deinen Tagesablauf einbauen, da du dich während der Fahrt ständig nach hinten drehen musst, um verloren gegangenes Essen oder Stofftiere wieder aufzusammeln.

Bei größeren Kindern ist nicht alles so schwierig. Es ist anders schwierig. So bewältigte ein tapferer Vater allein mit einem 6- und einem 8-jährigen 4000 km USA-Rundreise ohne Hörspiel und ohne iPad. Die langen Überlandfahrten waren kein Problem. Allerdings brachte ihn der dreimal täglich stattfindende Kampf, für jedes der beiden Kinder eine angemessene Mahlzeit zu finden, beinahe zum Wahnsinn. Restaurantbesuche mit Kindern und fremdartigen Speisen können sehr nervenaufreibend sein.

Ein weiterer schwieriger Aspekt des Reisens sind die Toilettenbesuche. Selbstverständlich müssen Kinder im Auto ungefähr fünfmal so oft aufs Klo wie zu Hause, selbst bei gleicher Flüssigkeitszufuhr. Solange deine Kinder noch im Windelalter sind, gestalten sich die Toilettenbesuche relativ unkritisch. Wickeln kannst du immer auf der Rückbank.

Aber wenn du schon einmal mit einer Dreijährigen ein großes Geschäft auf einer französischen Rastplatztoilette gemacht hast, fragst du dich schon, ob das mit der Sauberkeitserziehung nicht auch bis nach dem Urlaub hätte warten können. Das sind noch die echten Abenteuer des Elternseins. Insbesondere, wenn die junge Dame darauf besteht, sich zur Stabilisierung mit beiden Händen an der Klobrille festzuhalten.

Und wenn du später sämtliche Toilettenbesuche auf der Fahrt aufsummierst, wunderst du dich, dass ihr überhaupt irgendwann angekommen seid.

Das ist aber eigentlich gar nicht so verwunderlich, denn bekanntlich sind Reisen in die Ferne dazu da, fremde Sitten und Gebräuche kennenzulernen. Bis die Faszination über obskure Toilettenkonstruktionen auf Rastplätzen einem gesunden Misstrauen gegenüber Fremdklos gewichen ist, muss ein Kind acht bis zehn Jahre alt werden. Bis dahin wird es dankbar jede Gelegenheit nutzen, fremde Toiletten unterwegs kennenzulernen – bis irgendwann der Verstand die Blasenkontrolle übernimmt.

Generell haben unsere Kinder Reisen immer sehr dankbar aufgenommen, zumindest wenn wir am Ziel unserer Reise waren. Im Großen und Ganzen spielten sie dann tagelang draußen dasselbe wie daheim (Ferengi gegen Borg, Geheimagenten oder sowas), nur in neuer Umgebung und mit neuem Elan.

Im Restaurant

Restaurantbesuche mit Kindern können wahnsinnig anstrengend sein. Allein die Auswahl der Speisen braucht ewig lange und meist entscheiden sich die Kinder dann für etwas, das sie ohnehin nicht mögen. Auf jeden Fall solltest du hier mit Suggestion arbeiten: »Oh, hier gibt es Bifteki, das hast du doch beim letzten Mal so gemocht, sollen wir das bestellen?«

Die Wartezeit, bis das Essen kommt, dauert ewig, und dein Kind wird sich über kurz oder lang beginnen zu langweilen. Am harmlosesten ist es, wenn dein Kind beginnt, ein Haus aus Bierdeckeln zu bauen.

Oftmals werden deine Kinder es aber überhaupt nicht am Tisch aushalten, sondern im Restaurant rumlaufen oder nach draußen rennen. Hier empfiehlt es sich, im Vorfeld ein Restaurant mit Aquarium auszuwählen. Das ist fast wie Fernsehen und beruhigt die Kinder ungemein, es sei denn, sie klopfen laut an die Scheibe. Was für die Fische eher unangenehm ist.

Ist das Essen endlich da, ist der Moment der Wahrheit gekommen. Ist das Essen so, wie es sich dein Kind vorgestellt hat? Wenn nein, kann es ein riesiges Drama geben, schmollende Kinder, die sich unter dem Tisch verstecken, inklusive. Deshalb solltest du bei der Bestellung darauf achten, dass zumindest Notfallfritten für dein Kind mitbestellt werden.

Im Supermarkt

Mit Kindern im Supermarkt ist Abenteuer pur. Mal spielen deine Kinder Autorennen mit den kleinen Einkaufswagen zwischen den Regalreihen, dann wiederum schlendern sie einfach so im Supermarkt herum und sind plötzlich außer Sichtweite geraten. Das sind die Momente, in denen dein Elternherz ein paar Takte schneller

schlägt, abgestimmt auf die Größe des Supermarktes und das Alter deines Kindes.

Auf jeden Fall werden sie den Einkaufswagen schieben wollen und ihn dir mehr als einmal in die Hacken fahren. Dann wiederum, wenn du vollbeladen mit Milchpaketen da stehst, sind sie nirgendwo zu sehen. Wozu hast du einen Einkaufswagen mitgenommen, wenn der nicht da ist, wo du bist? Und diese kleinen Einkaufswagen mit der Plastikfahne, so sehr meine Kinder die auch lieben, ich weiß nicht, wie oft ich mir schon den Kopf an dieser verdammten Plastikfahne gestoßen habe.

Ganz besonders nett ist es natürlich von deinen Kindern, wenn sie dir in unbeobachteten Momenten beim Einkaufen helfen. Und du dich an der Kasse über den Berg von Dingen wunderst, die jetzt auf dem Band landen, obwohl du sie ganz sicher nicht in den Wagen getan hast. Jetzt erzähl mal der Dame an der Kasse, dass das ein Missverständnis war und sie den ganzen Kram wieder in die Regale räumen darf.

Ein sehr beliebtes Spiel meiner Kinder war es, im Kühlregal mit dem Fingern in die Folie des abgepackten Gehacktes zu drücken. So viel Gehacktes konnten wir dann leider doch nicht kaufen, wie meine Kinder mit ihren kleinen Fingern aufgedrückt hatten.

Auch die Kasse ist immer gerne ein Ort für Dramen. So verlangten meine Kinder zwar nie nach Süßigkeiten, Zigaretten oder Schnaps im Kassenbereich, aber gerne ließen sie sich die für sie gekauften Dinge einfach nicht mehr abnehmen, um sie von der Kassiererin scannen zu lassen. Und du weißt, wenn dein Kind erst einmal etwas in seinen Klauen hat, dann wird es das auch nicht mehr loslassen.

Sehr peinlich wird das Ganze an der Kasse, wenn du ganz vergessen hast, dass dein Kind noch etwas in der Hand hat und die Kassiererin dich darauf aufmerksam machen muss. Auch schön, wenn du erst am Auto merkst, dass dein Kind noch eine unbezahlte Packung Kaffee in der Hand hat. Und du dir schon die zukünftige Verbrecherkarriere deines Kindes ausmalst.

An der Kasse möchte dein Kind dir natürlich auch beim Einräumen in die Tüten helfen. Voller Elan wirft es die Eier in die Tüte, in der sich Joghurt und Tomaten befinden. Aus dem Eier-Joghurt-Tomaten-Matsch lässt sich zu Hause aber sicher noch was Hübsches zaubern. Es sei denn, die Tüte hatte ein Loch. Dann kannst du vor dem Essen noch das Auto putzen.

Im Wald

Draußen sein mit Kindern ist nicht so mein Ding. Da gibt es wilde Tiere, den Evil Day Star[1], Hitze, Kälte und Regen. (Hatte ich den Regen schon erwähnt?) Und da, hinter den Bäumen, hat da nicht irgendwas geraschelt? Zombies vielleicht?

Mittlerweile bin ich mit Fr. Kleinkind einmal in der Woche im Wald, während sich die großen Jungs mit Schwertern unter Aufsicht eines Försters die Rübe einschlagen – eingebettet in eine Art Rollenspiel, kombiniert mit Hütten bauen. Waldritter nennt sich das.

Leider kann man da erst ab acht Jahren mitmachen, und so muss Fr. Kleinkind im Wald mit mir vorliebnehmen. Eigentlich ist Fr. Kleinkind im Wald ein guter Gesellschafter, sie kann gemeinsam mit mir gut 20 Minuten einen einzigen Käfer beobachten und interessiert sich, wie ich, für die Namen all der Pflanzen, die da so wachsen.

Ihre Reisegeschwindigkeit beträgt deshalb ungefähr 20 Meter pro Stunde. Was sicher nicht so schlimm wäre, müssten die Jungs nicht in 1,5 Stunden an einer bestimmten Stelle wieder abgeholt werden. Und wer geht schon gerne den gleichen Weg wieder zurück?

Bei Waldabenteuern gibt es neben den oben genannten gefährlichen Dingen und den Zecken noch ein paar Dinge zu beachten:

- Nimm auf jeden Fall ein Getränk und etwas zu essen für ein Picknick mit. Wald ohne Picknick geht gar nicht. Zumindest bei Kindern.
- Du brauchst eine große Tasche für all die Steine, Tannenzapfen und Stöcke, die deine Kinder sammeln werden. Und glaub mir, wenn ich sage groß, dann meine ich auch groß! Schlaue Eltern lassen die Tasche vom Kind schleppen, auch wenn das deren Sammellust nicht wie erwartet bremst.

---

1   http://is.gd/evildaystar

- Außerdem sind starke Arme von Nöten, denn du musst auf jeden Fall am Ende doch die große Tasche, das Laufrad, das dein Kind unbedingt in den Wald mitschleppen wollte, und dein Kind tragen, das unmöglich nur noch einen einzigen Meter laufen kann.

- Nimm keine toten Tiere mit. Seit ich einmal für meine naturwissenschaftliche Sammlung einen toten Käfer mit nach Hause nahm, besteht Fr. Kleinkind nun darauf, jedes tote Insekt mitzunehmen, das wir auf dem Weg finden. Ich denke schon mit Schrecken an den ersten toten Vogel, der sicherlich irgendwann mal am Wegesrand liegen wird.

- Gummistiefel, zumindest beim Kind, sind von Vorteil, denn auf Waldwegen gibt es Pfützen, und deine Kinder werden sie benutzen.

- Zu guter Letzt ist ein Leather Man oder Ähnliches nie verkehrt. Denn manchmal wollen deine Kinder genau den Ast, der da noch oben an dem Baum ist.

Auch wenn der Wald nicht der Ort ist, an dem du dich am wohlsten fühlst, solltest du ihn gelegentlich mit deinen Kindern aufsuchen. Wenn ich sehe, wie entspannt mein ADHS-diagnostiziertes Kind nach einem Besuch im Wald[2] oder auf dem Nachbars-Bauernhof ist, dann wird mir auch wieder deutlich, welch beruhigende Wirkung die Natur auf mich Computerkind hat. Auch wenn hinter jedem Baum Zombies lauern könnten.

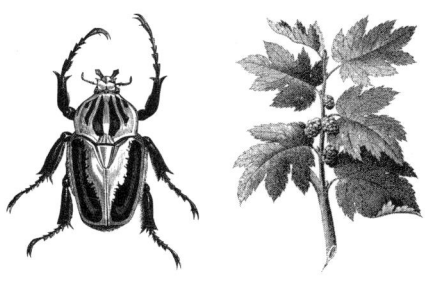

---

2   Mehr zum Thema Natur und ADHS: Das letzte Kind im Wald, Richard Louv

KAPITEL 5

Dein Kind und die Anderen

Kindergarten

Neben den Großeltern und Verwandten tauchen plötzlich noch mehr Menschen auf, die dein Kind erziehen wollen. Sie gehören zu den ÜPCs (ÜBER-Parent-Characters). Und sie wissen, wie deine Verwandtschaft auch, genau, wie das geht – mit dem Unterschied, dass im Kindergarten die Erzieherinnen bestimmen, wie dein Kind erzogen wird und du dagegen wenig tun kannst.

Deshalb macht es Sinn, bei der Auswahl des Kindergartens eine gewisse Sorgfalt walten zu lassen. Kindergarten ist nicht gleich Kindergarten. Auf den Webseiten der Kindergärten kannst du unter Umständen etwas erfahren, oft werden diese Seiten allerdings wenig gepflegt und du kannst froh sein, wenn du die Adresse dort nachschlagen kannst. Und bei Internetprovidern mag es okay sein, die mit einer doofen Webseite sofort auszuschließen, bei Kindergärten ist ein solches Vorgehen eher unklug.

Hast du einen Kindergarten gefunden, der dir zusagt, so wird es vermutlich zunächst eine Eingewöhnungsphase geben, in der du mit deinem Kind gemeinsam den Kindergarten besuchst. Zumindest ist das in Deutschland so, die Belgier haben mit sowas keinen Vertrag, und du gibst am ersten Tag dein Dreijähriges morgens ab und holst es nachmittags wieder ab.

Die Eingewöhnungsphase wird dein Kind sicher lieben. Wie oft hat man schließlich sonst so viel neues Spielzeug auf einen Haufen, und andere Kinder können anfangs auch mal interessant sein. Als du dich schon in Sicherheit wiegst und glaubst, die ganze Kindergartennummer würde ein Klacks werden, da verlangen die Erzieherinnen plötzlich von dir, du sollst doch jetzt mal eine Stunde vor die Tür gehen.

Das ist der Moment, in dem die Erzieherinnen fast zu zweit dein Kind davon abhalten müssen, dir schreiend nachzulaufen. Eine dritte müsste dich eigentlich zur Tür rausschubsen, weil du dein armes schreiendes Kind doch nicht so zurücklassen kannst.

Auf dem Flur hörst du dein Kind weinen und versuchst dich mit der Pinnwand des Kindergartens abzulenken. »Ein Kind in der Gruppe der Pinguine hat die Hand-Fuß-Mund-Krankheit« mit Datum von heute. Während du noch denkst, wie lustig Namen für Kinderkrankheiten doch sein können, siehst du auf der Tür deiner Gruppe das Bild von einem großen Pinguin. Du nimmst dir vor, gleich zu Hause nach der Krankheit zu recherchieren, nicht dass sich dein Kind angesteckt hat.

(Übrigens rate ich dringend davon ab, in medizinischen Foren im Internet nach Krankheiten, die dein Kind betreffen, zu suchen. In aller Regel verlaufen in diesen Foren alle diese Krankheiten tödlich, denn immer kennt jemand einen, der wiederum jemanden kennt, der gehört hat, dass schon mal jemand ... Die geballte Kompetenz in Gesundheits-Foren übertrifft sogar noch die in »PHP-Anfänger-helfen-Anfängern«-Foren.)

Während du dein Kind immer noch weinen hörst, gleitet dein Blick weiter über die Pinnwand. Eine Liste zum Eintragen, wer zum Streichen am Wochenende in den Kindergarten kommt. Eingetragen haben sich bisher zwei Eltern, du guckst auf dein Telefon, der Termin ist bereits am kommenden Wochenende. Zum Glück scheinen die anderen Eltern das mit der Elternarbeit genauso locker zu sehen wie du. Du atmest ein bisschen auf.

Auf einem kleinen Tisch, der neben der Pinnwand steht, liegen einige Erziehungsmagazine, lustlos blätterst du darin herum, bis sich eine Tür öffnet. Du darfst wieder zu deinem Kind. Mit noch leicht geröteten Augen läuft es dir in die Arme und zieht dich gleich zur Tür hinaus. Im Rausgehen machst du mit der Erzieherin einen neuen Termin für den nächsten Versuch aus.

In der Regel schaffen alle Kinder irgendwann den Sprung und weinen nur noch furchtbar, wenn du sie im Kindergarten abgibst. Laut Aussage der Erzieherin hört dein Kind ganz kurz nachdem du weg bist auch schon auf zu weinen und spielt danach schön mit den anderen Kindern. Du bist dir allerdings nicht ganz sicher, ob es dich freuen soll, dass dein Kind nicht mehr weint, oder ärgern, weil du durch einen Haufen Zwerge ersetzt worden bist.

Immerhin ist die Freude anfangs noch sehr groß, wenn du dein Kind vom Kindergarten wieder abholst. Aber nach einiger Zeit wird es dich nachmittags wieder wegschicken, weil es gerade so schön spielt.

PRO-TIPP

Es gibt für Eltern kein erhebenderes Gefühl, als zu sehen, wie sich andere Eltern mit einem scheinbar missratenen Kind quälen, während das eigene sich gerade wunderbar benimmt oder glücklicherweise nicht dabei ist. Aber sage niemals zu Eltern, die sich gerade mit ihrem bockigen Kind im Flur vom Kindergarten streiten, dass du froh bist, dass andere Eltern ähnliche Probleme haben. Für diese Art der Aufmunterung sind sie zu diesem Zeitpunkt überhaupt nicht empfänglich.

Elterngespräche

Deine Kinder dürfen zwar im Kindergarten spielen, der Kindergarten hat aber zudem eine Aufsichtsfunktion. Der Kindergarten muss prüfen, ob sich die Kinder der Norm entsprechend entwickeln, schließlich soll dein Kind am Ende der Kindergartenzeit fähig sein, die Schule zu besuchen. (Die Kindergartenpflicht wird in Deutschland ja auch immer wieder diskutiert.)

Mindestens einmal im Jahr gibt es also ein Gespräch mit einer der Erzieherinnen deines Kindes, und dir wird mitgeteilt, wie dein Kind sich im Kindergarten verhält, wie sein Sozialverhalten ist, seine Motorik und seine Sprachentwicklung. Ob sich alles im Normbereich befindet oder ob es Abweichungen gibt, die frühzeitig therapiert werden sollten.

Wenn du selbst nicht wirklich der Norm entsprichst und zwar Quadratwurzeln im Kopf ziehen kannst, aber motorisch auch nicht besonders begnadet bist, so ist es wenig verwunderlich, wenn dein Kind hier eben auch nicht der Norm entspricht. Die Frage, die du dir stellen solltest, ist: Wie wichtig ist es, eine Norm zu erfüllen, und gibt es nicht andere Bereiche, in denen dein Kind über der Norm liegt. Lass dich nicht zu Maßnahmen für dein Kind überreden, wenn du dich dabei unwohl fühlst. Wie solltest du dein Kind überzeugen, zu etwas zu gehen, wenn du selbst nicht glaubst, dass es sinnvoll ist.

Zum Teil können diese Elterngespräche unangenehm sein, schließlich werden dir hier nicht nur die Fehler deines Kindes, sondern auch deine eigenen Fehler vor Augen geführt. Dein Erbgut ist verantwortlich und natürlich hättest du dies und jenes und überhaupt ... Schnell fühlst du dich in eine Ecke gedrängt, auch wenn dies nicht zwingend von der Erzieherin beabsichtigt wurde. Denn sie muss einfach nur ihre Aufsichtsfunktion erfüllen. Das hat unser Staat so gewollt, und dann muss das ja auch richtig sein, wenn sie einen nicht unbedeutenden Teil ihrer Zeit nicht mit den Kindern, sondern mit dem Ausfüllen von Berichtsbögen verbringen müssen.

Elternarbeit

Ohne Elternarbeit könnten die meisten Schulen und Kindergärten kaum mehr arbeiten. Da werden Eltern zum Essenkochen, Anstreichen, Reparieren oder sogar zur Hilfe im Unterricht verpflichtet.

Nicht zu vergessen das Verkaufen von Produkten oder Alkoholika auf Weihnachtsmärkten oder der Kuchenverkauf auf dem Schulfest.

Wenn du also wie ich keine Leuchte in der Küche bist, zwei linke Hände hast und es dir in stressigen Situationen schwer fällt, zwei und zwei zusammenzurechnen, dann wirst du es mit der Elternarbeit schwer haben. Verzweifelt wirst du nach einer Lösung suchen, wie du dich einbringen kannst, ohne dich zum Idioten zu machen oder am besten noch, wie du komplett um die Sache herumkommst.

Irgendwann wirst du in deiner grenzenlosen Naivität darauf kommen, dass die Webseite dringend eine Überarbeitung braucht. Und du spielst mit dem Gedanken, dich dafür freiwillig zu melden. Tu es nicht! Denn das folgende Szenario ist vorprogrammiert:

1. Du fragst in der Institution nach, aber niemand ist zuständig.

2. Du hast irgendjemanden von den Lehrern bzw. Erziehern gefunden, der irgendwann mal für zuständig erklärt wurde, aber gar keine Ahnung davon hat und das ohnehin lieber nicht machen möchte.

3. Derjenige hat die Zugangsdaten verloren.

4. Die beim Provider hinterlegte E-Mail-Adresse existiert nicht mehr.

5. Nach diversen Gesprächen mit dem Provider siehst du dir die Webseite von innen an und wunderst dich. Das hätte der Azubi deiner Firma im ersten Lehrmonat besser programmieren können.

6. Du beschließt, die Seite neu zu machen, und sprichst mit dem Internetbeauftragten der Institution darüber.

7. Der sagt, dass er das nicht alleine entscheiden kann, und spricht mit der Leitung.

8. Die Leitung gründet eine Task-Force, die aus mindestens acht Personen besteht und sich Gedanken um das Aussehen und die Inhalte der neuen Internetseite macht.

9. Die Task-Force tagt einige Monate lang und trägt dir dann ihre Ergebnisse vor.

10. Du schluckst schwer und denkst, dass dich das Ganze nach einigen Abstrichen mehrere Monate Arbeit kosten wird.

11. Du beginnst zu programmieren, und ein anderer Vater, der von der Leitung an dich verwiesen wurde, meldet sich und verkündet, dass er großartige Ideen für die neue Internetseite habe und bereits einige Webseiten für Freunde und Verwandte gemacht habe. Und dass er dir deshalb gerne zur Hand gehen wolle.

12. Du schaffst es, den anderen Vater abzuwimmeln, der jetzt auf ewig nicht mehr mit dir reden wird. (Gut so.)

13. Viele Zeilen Code später zeigst du das Ergebnis der Internet-Task-Force. Die Begeisterung hält sich in Grenzen. Du bist kurz davor, die Nerven zu verlieren, als Änderungsvorschläge gemacht werden.

14. Du nimmst auch die letzten Änderungen vor und weist den Internetbeauftragten und die Leitung in die Pflege der Seite ein. Dabei erntest du verdutzte Blicke. Wie jetzt? Man hatte schon gedacht, dass die Inhalte jetzt auch von dir persönlich gepflegt würden.

15. Du rufst den Vater an, der bereits für Freunde und Verwandte Webseiten programmiert hat, und sagst ihm, dass er jetzt die neue Webseite für den Kindergarten bzw. die Schule programmieren könne.

Sport

Auch wenn du selbst Sport hasst und in der Schule beim Sport immer als letzter gewählt wurdest, er wird dir im Zusammenhang mit deinem Kind wieder begegnen. Sport ist in unserer Gesellschaft ein wichtiges Thema. Eltern praktizieren Sport, bringen ihre Kinder

zu Turnieren oder verfolgen ihn zumindest passiv am Fernseher. Ohne Sport geht gar nichts.

Leute werden dir erzählen, dass die Intelligenz deiner Kinder durch Sport beeinflusst wird. Wenn du sofort an stammelnde Fußballer, Boris Becker oder die Klitschko-Brüder denkst, liegst du leider falsch. Menschen, die sich hauptberuflich mit Kindern beschäftigen, sind der Ansicht, Sport mache schlau. Ja, du hast richtig gehört. Nicht etwa Bücher lesen oder lernen, nein, Sport macht schlau.

Eines Tages wollte ich unseren Sohn vom Kindergarten abholen, da nahm mich die Erzieherin zur Seite. Sie müsse dringend mit mir sprechen. Die Kindergartengruppe wäre heute in der Schulturnhalle gewesen und eine Sportlehrerin hätte sich die Kinder angesehen. Unser Sohn wäre ihr aufgefallen, weil er sich doch sehr schwer täte mit Klettern, Fangen und Balancieren. Sie würde uns dringend empfehlen, ihn zum Sport zu schicken, da sich dies nachweislich sehr positiv auf die Intelligenz der Kinder auswirken würde.

Ich dachte an meinen damals Fünfjährigen, der bereits alle einheimischen Tiere und deren Lebensweisen kannte, der wusste, wie elektrische Schaltungen funktionierten, und der einen umfangreicheren Wortschatz als so mancher Erwachsene besaß. Ich überlegte kurz, ob ich meinen Sohn direkt vom Kindergarten würde ins Gymnasium geben müssen, wenn ich ihn jetzt zum Sport schickte. Ich schluckte meine dumme Bemerkung herunter, nickte und sagte o. k., denn ich wusste, hier war diskutieren zwecklos.

Also schickten wir unseren Sohn zum Sport. Und da waren sie wieder: die OPCs, die sich bereits aus Sportvereinen oder sogar aus der Schule kannten. Sie standen in kleinen Grüppchen zusammen und tratschten. Sie verabredeten sich zum Eisessen oder waren bereits im Joggingdress, um selbst eine Runde zu drehen, während die Kinder schlauer wurden.

Über ein Jahr lang zwang ich meinen Sohn, der mehr als einmal keine Lust hatte, in diese Sportgruppe. Dann war er zum Glück zu alt. Geschadet hat es ihm nicht, genützt allerdings auch nicht. Er findet Sport immer noch doof, er wurde nicht sportlicher und schlauer wurde er davon auch nicht.

Also, lass dich nicht unter Druck setzen. Sport macht nicht schlau, und wenn dein Kind keine Lust auf Sport hat, dann ist das in Ordnung. Bewegung wird dein Kind schon von allein bekommen, beim Werfen von Wasserbomben, beim Balancieren auf einem Stuhl – zwecks Beschaffung von Süßigkeiten aus den Küchenoberschränken – und bei wilden Verfolgungsjagden, wenn die Kardasianer mal wieder das Kinderzimmer mit ihren Lego-Raumschiffen angreifen.

Und falls dein Kind vor den Bundesjugendspielen (ja, die gibt es immer noch!) zu dir kommt und weint, weil es nicht hingehen will, dann nimm es in den Arm und erzähl ihm von deinen Bundesjugendspielen.

Schule

Grundschule

Lange haben dein Kind und du den Moment erwartet. Endlich wird lesen gelernt, das heißt, du muss deinem Kind nicht mehr die Science-Fiction-Bücher vorlesen. Und wer lesen kann, kann auch programmieren lernen.

Wenn dein Kind bisher nach Meinung der ÜPCs unauffällig war, so ist es gut möglich, dass es die Schule ohne größere Probleme übersteht. Sollte sich dein Kind allerdings nicht der Norm entsprechend entwickeln, so könnte es zu größeren Problemen kommen. Unser erster Sohn hatte keine größeren Probleme in der Schule – eine gewisse Nerdigkeit bei ihm wurde allgemein akzeptiert. Schließlich ist der Papa an der Uni mit so Informatikkram, und die Mama macht auch was mit Computern, da erwartet die Welt nix anderes.

Mit ihm hatten wir den Ärger in der Ganztagsbetreuung. Die Atmosphäre war ihm zu laut, das ständige Angebot an Aktivitäten zu viel. Die meisten der anderen Jungs spielten draußen Fußball, eine Sportart, die unserem Sohn überhaupt nicht zusagte. Und überhaupt, Sport? Alles in allem war die Nachmittagsbetreuung nichts für ein Kind, das auch mal gerne mit sich selbst alleine ist.

Als wir ihn von der Nachmittagsbetreuung abgemeldet hatten, äußerte sich die Klassenlehrerin überaus positiv. Der Junge habe jetzt wieder viel mehr Freude an der Schule. »Wen wundert's, weniger Schule ist mehr«, denken die Eltern im Nachhinein.

Das »viel mit anderen Kindern zusammen sein«, was ja als Kur für alle Probleme gilt, ist also vielleicht doch nicht das Allheilmittel. Ein leerer Terminkalender kann Kind und Eltern auch gut tun.

Alles ist anders und vieles gleich

An vieles wirst du dich noch aus deiner Schulzeit erinnern: die Tafel, den Overheadprojektor, das graue Linoleum, die kleinen Stühle, die bekritzelten Tische und die vergessenen Butterbrote in den Fächern unterm Tisch.

Lernten wir das Schreiben damals zunächst anhand von Schwungübungen mit dicker Wachsmalkreide, danach das »U« und das »L« in der lateinischen Ausgangsschrift, so lernen die Kinder heute als erstes die Druckschrift. Da Bücher und Internet eigentlich ausschließlich Druckschrift enthalten, ist dies eine durchaus willkommene Neuerung.

Du wirst dann erfahren, dass du zu dem »L« nicht »Ell« sagen darfst, sondern »l« und das »K« nicht mehr »Kaah« heißt, sondern nur noch »k« (ohne Stimme), genau wie das »P« kein »Peeh« und das »S« kein »Ess« mehr ist. Zu schwierig? Lass es dir von der Lehrerin noch mal genau erklären, es ist wirklich ganz einfach!

Und dann erzählt dir die Lehrerin auf dem ersten Elternabend, dass die Kinder nun über das Schreiben zum Lesen kommen sollen. Es werde viel Wert darauf gelegt, dass die Kinder viel schrieben, und wenn etwas falsch geschrieben wäre, so sollten die Eltern dies auf gar keinen Fall korrigieren. Das würde den Kindern nur die Freude am Schreiben nehmen. Macht Sinn, oder?

Die Rechtschreibung würden die Kinder noch früh genug lernen, nämlich in der dritten Klasse! Was alle Eltern, denen das auf dem ersten Elternabend erzählt wurde, damals wie heute dachten: »Totaler Blödsinn!«, wurde inzwischen in mehreren Studien bestätigt. Diese Vorgehensweise bringt nämlich besonders viele Kinder mit Lese- und Rechtschreibschwächen hervor, was völlig unnötig wäre. Dennoch werden in diversen Bundesländern immer noch Kinder in den ersten Klassen nach dieser Methode unterrichtet.

Und manchmal klappt es einfach nicht

Und dann funktioniert dein Kind trotz der wundervollen neuen Methodik nicht so, wie es die Lehrer gerne hätten. Jetzt kann euer Leben wirklich schwierig werden. Nicht nur, dass du schon freiwillig ihren Blödsinn ausbügelst und dem Kind zeigen musst, wie die deutsche Rechtschreibung  funktioniert. Nein, es wird zudem von dir erwartet, dass du mit deinem Kind nach der Schulzeit das aufarbeitest, was es in der Schule nicht versteht.

Du kannst dir denken, wie viel Spaß es macht, mit einem bereits von der Schule frustrierten Kind Hausaufgaben UND Zusatzaufgaben zu machen. Insbesondere, wenn die Lehrer offensichtlich nicht in der Lage waren, deinem Kind die Fakten hinreichend zu erklären.

Nachdem ihr euch mehr leidlich durch die erste Klasse gekämpft habt und dein Kind, du und der Rest der Familie nervliche Wracks sind, erklärt dir der Schulleiter, dass offensichtlich irgendwas mit deinem Kind nicht stimme, dass es immer noch nicht lesen und schreiben könne. Vielleicht, so rät er dir, solltest du mal von einem Arzt überprüfen lassen, ob dein Kind überhaupt richtig sehen und hören kann. Und vielleicht wäre dein Kind an einer Schule, die sich mit den ganz schwierigen Fällen befasst, doch besser aufgehoben. Hat er etwa Sonderschule gesagt?

Nach viel Hin- und Hergerenne zu Ärzten und sonstigen Instituten wird dir schließlich eröffnet, dass dein Kind eine Lese- und Rechtschreibschwäche hat. Du wunderst dich, warum die Lehrer das nicht gleich erwähnt haben. Aber bei längerem Nachdenken wunderst du dich eigentlich nicht mehr.

Normale Schulen sind einfach für normale Kinder gemacht. Und wer bestimmt, was normal ist? Alle, die anders sind, werden früher oder später ausgesiebt. Da hilft es nur noch, das Kind auf einer der sagenumwobenen Privatschulen anzumelden – falls du da noch einen Platz bekommst, weil du dein Kind ja nicht gleich nach der Geburt dort angemeldet hast.

Homeschooling

Für die ganz Verzweifelten und diejenigen in ländlicheren Gegenden ohne Privatschulen bleibt dann noch die Hardcore-Alternative: Homeschooling. Das war unsere letzte Wahl für einen unserer beiden Söhne, nachdem alle Stricke gerissen waren.

Homeschooling bedeutet, dass du dein Kind nicht in die Schule schickst, sondern es zu Hause selbst unterrichtest. In Deutschland musst du in den Untergrund gehen, denn da ist Homeschooling verboten, in vielen anderen europäischen Ländern aber nicht, wie z.B. in Belgien, wo wir jetzt wohnen. In den USA ist diese Form der Bildung noch nicht mal ungewöhnlich. (Hattest du nicht schon immer mit dem Gedanken gespielt, nach Kalifornien zu ziehen?)

Wahrscheinlich denkst du, dass Leute, die Homeschooling machen, alles religiöse Spinner sind, die nicht wollen, dass ihre Kinder von Darwin erfahren. (Hey, die haben wohl noch nie was von den Darwin-Awards gehört!) Kann sein, dass es solche Eltern gibt. In den meisten Fällen sind es Familien, die von den öffentlichen Schulen enttäuscht sind oder deren Kinder massive Probleme in der Schule hatten. Halt Leute, die und deren Kinder nicht der Norm entsprechen. So wie wir.

Weiterführende Schule

Ist die Grundschule vorbei, geht der Spaß erst richtig los. Endlich wird das Fach Sachkunde wieder in seine einzelnen Bestandteile zerlegt und es gibt: Biologie, Physik, Chemie und Geschichte. Sogar Informatik (ich nenne es eher Maus-Schubsen) gibt es.

Unser ältester Sohn ist offensichtlich nicht so an Computern interessiert, sondern eher ein Naturwissensschaftsgeek. So weiß er über die Funktionsweise von Atomkraftwerken so gut Bescheid, dass ihm während eines Referats darüber in der 5. Klasse schon keiner seiner Mitschüler mehr folgen konnte, als er zum ersten Mal das Wort Atom benutzte – also im zweiten Satz.

Sämtliche Elektronikbaukästen hat er durchgespielt – auch die Bonuslevel –, hat sich ein Radio zusammengelötet und kennt dazu noch das Periodensystem nahezu auswendig. Da hat es selbst ein Gymnasium schwer, dem Kind in der Mittelstufe noch etwas beizubringen.

In Physik musste unser Sohn kürzlich mit einer Sonderaufgabe den Raum verlassen, weil er die so schwierige Aufgabe mit den Wechselschaltungen in zwei Minuten gelöst hatte, während die Mitschüler noch über der Aufgabenstellung brüteten. Kein Wunder also, dass unser Kind bei Gruppenarbeiten unglaublich beliebt ist.

Und dann meinen die Lehrer auf dem Gymnasium, den Kindern etwas Gutes zu tun, wenn sie mit ihnen alle naselang Klassenausflüge in den nahegelegenen Park zum Fußballspielen machen. Oder sie schleppen die gesamte Klasse auf eine Pferdeausstellung. Na, hurra!

Elternabend

Elternabende in der Schule sind eine ganz besondere Form der Abendunterhaltung. Du fühlst dich sofort in deine eigene Schulzeit zurückversetzt und möchtest den Zuspätkommenden, die sich kichernd nicht in die erste Reihe setzen wollen, am liebsten deine Meinung sagen. Gleich werden sie sicher noch tuscheln, dass sie in Mathe immer schlecht waren.

Enorm spaßig sind auch die Eltern, die die Lehrmethoden des Lehrers anzweifeln. Weil früher hätte man das doch ganz anders gelernt. Das wäre doch viel sinnvoller gewesen. Du bist unglaublich dankbar, mit solchen Menschen nicht mehr viele Stunden am Tag einen Raum teilen zu müssen.

Der beste Teil des Abends ist allerdings die Wahl zum Klassenpflegschaftsvorsitzenden. Plötzlich machen sich alle klein und werden überaus unauffällig. »Oh, die Decke war mir noch gar nicht aufgefallen. Die hat ja ein spannendes Muster.« Die Lehrerin erklärt, dass keiner den Raum verlässt, solange keine Elternpflegschaft gewählt wurde. Und wie sie vorne auf dem Pult mit übereinandergeschlagenen Beinen sitzt, glaubst du ihr jedes Wort. Die Gesichter der anwesenden Eltern werden immer ausdrucksloser.

Nach 10 Minuten beginnt die Lehrerin, auf die Tränendrüse zu drücken. Es wäre doch nicht so viel Arbeit, und schließlich könne man doch auch die Zukunft der Kinder mitgestalten. Und es wäre ja äußerst schade, dass sich niemand melde. Äußerst schade! Dein Magen krampft sich zusammen bei soviel geballter Blödheit der Eltern. Es zerreißt dich innerlich, aber dann tust du es doch: Du meldest dich.

Plötzlich geht noch ein weiterer Arm hoch und dann reißt auch noch die Frau den Arm in die Höhe, die sich eben kichernd in die erste Reihe gesetzt hat. Du bereust, dass du deinen Arm nicht mit Ducttape am Tisch festgeklebt hast. Bitte lass mich nicht zusammen mit dieser dummen Kuh gewählt werden, denkst du dir.

Nach einer Vorstellungsrunde werden die Wahlzettel verteilt. Jeder bekommt zwei Zettel: einen für den ersten Vorsitzenden, einen für den Vertreter. Das ist natürlich schon recht schwierig zu verstehen. Der erste Wahlgang muss wiederholt werden, weil einer beide Namen auf einen Zettel geschrieben hat, zwar mit den Worten »Vorsitzender« und »Vertreter« hinter den jeweiligen Namen, ist aber trotzdem ungültig.

Im nächsten Wahlgang sind auf einmal mehr Zettel in der Urne als Schüler in der Klasse. Wiederholung der Wahl. Du kannst nicht glauben, was hier passiert, und wünscht dir, du wärst heute einfach mal länger im Büro geblieben.

Es stellt sich heraus, dass von einigen Kindern beide Elternteile gekommen sind. Sprechen die nicht zu Hause miteinander, dass die beide zum Elternabend gehen müssen? Die haben natürlich auch beide gewählt. Stimmberechtigt ist allerdings immer nur einer pro Familie. Hätte man drauf kommen können, hätte.

Du hast Glück, du wirst nur zum Vertreter gewählt und die Dame aus der ersten Reihe fand der Rest der Elternschaft wohl ebenso charmant wie du. Sie bekam nur eine Stimme.

Elternbriefe

Wenn ich mir die Flut von Elternbriefen, die von Kindergärten und Schulen pro Schuljahr verschickt werden, ansehe, bin ich mir nicht sicher, ob die Erfindung des Kopierers wirklich ein Segen war. Manch-mal wünsche ich mir die gute alte Matrizenmaschine zurück, und das nicht nur wegen des Geruchs der Blätter. Nein, weil sich die Lehrer vorher überlegten, ob dieser Zettel jetzt wirklich nötig sei. Denn bei zu vielen Fehlern, egal ob mit Hand oder Schreibmaschine geschrieben, musste der Lehrer noch einmal von vorne anfangen.

Aber nicht nur die Anzahl der Elternbriefe ist erschreckend, auch ihr Inhalt. Da werden eine Vielzahl von Informationen auf ein A5-Blatt gequetscht (um Kopierkosten zu sparen), nur um dann die Leerzeilen zwischen den Absätzen wegzulassen und wesentliche Informationen in einem Nebensatz abzuhandeln. Diese Briefe kommen dann auch gerne mal von den Deutschlehrerinnen.

Während die einen noch ihre ersten Gehversuche mit dem Textverarbeitungsprogramm machen und Ankreuzmarkierungen statt Gedankenstriche verwenden (Wie? Ich sollte meinem Sohn ein

T-Shirt mitgeben? Aber das war doch zum Ankreuzen!), klauen andere munter lustige Bildchen aus dem Internet und binden sie in ihre Elternbriefe ein. Und nicht nur einmal wurde mir für meinen Sohn eine Kopie eines Lernprogramms der Schule auf einer kopierten CD angeboten. Nur gut, dass sowas nur auf einem von mir nicht präferierten Betriebssystem läuft.

Eines Tages haben wir mal alle Grammatik-/Rechtschreib- und Ausdrucksfehler in einem A5-Elternbrief der Deutschlehrerin angestrichen. Leider wollte unser Sohn den Brief dann nicht mehr in der Schule abgeben.

Zum Glück funktioniert mittlerweile die Kommunikation zwischen Lehrern und Eltern und zum Teil auch mit den Schülern, zumindest bei den weiterführenden Schulen, per E-Mail. (So können viele Wälder gerettet werden.) Dumm nur, wenn die Lehrer die Adressen nicht richtig abtippen oder einfach mal ein paar Eltern in ihrem Verteiler vergessen.

Und plötzlich erwartet der neue Lateinlehrer deines Kindes dann von dir, dass du ihm eine E-Mail-Adresse gibst, die du täglich abrufst. Dabei gibt es auch heute immer noch Eltern, bei denen es mich wundern würde, wenn sie überhaupt eine E-Mail-Adresse besäßen, geschweige denn einen Computer. Zum Glück hat der Lateinlehrer keine Xing-Gruppe eingerichtet; man muss auch für die kleinen Dinge im Leben dankbar sein.

Aus Sicht des Vaters: Schule

Die Bildungskarriere deines Kindes (Kindergarten, Schule & Universität oder Ausbildung) besteht aus Strukturen und Menschen.

Fangen wir mit den Strukturen an: Die Strukturen sind hirnrissig. Das geben die zuständigen Stellen im Grunde sogar zu, denn in der Zeit zwischen meinem Schreiben und deinem Lesen dieser Zeilen wird unser Schulsystem sicher bereits wieder zweimal reformiert worden sein. Und warum sollte man Dinge reformieren – was mit großem Aufwand, Ärger und Kosten verbunden ist –, wenn sie vorher nicht unerträglich schlecht waren?

Das Bildungssystem stellt ein Feld dar, in dem jeder Wahlsieger sich politisch selbstverwirklichen will und großangelegte Menschenversuche an unseren Kindern gemacht werden – ohne dass je eine Ethikkommission zu diesen Versuchen befragt worden wäre.

Eine wissenschaftliche Untermauerung der Reformen oder wenigstens nachträgliche Evaluation findet nicht nennenswert statt. Ständig wird eine neue Sau durchs Dorf getrieben und Kindergartenkinder, Schüler und Studenten sowie die Lehrenden dürfen darunter leiden.

Aber reden wir von den Menschen. Denn jetzt kommen die Bildenden dazu. Zum Beispiel die Lehrer. Du wirst es mit großartigen Menschen zu tun bekommen, die dein Kind ein Leben lang inspirieren können, es wird wohlmeinende aber auch inkompetente oder anderweitig ungeeignete Lehrer geben (z.B. cholerische Grundschullehrer) und auch schlichtweg bösartige Fälle.

Das große Problem ist, dass du dir die Institutionen und Personen, mit denen dein Kind zu tun haben wird, nicht aussuchen kannst und nur minimalen Einfluss darauf hast, dass die kompetenten Menschen gefördert und die inkompetenten nicht mehr auf Kinder losgelassen werden. Solang du nicht radikale Schritte, wie z.B. auswandern, erwägst, müssen du und deine Kinder überwiegend mit dem leben, was ihr vorgesetzt bekommt.

Das Problem ist: Was auch immer du mit den Lehrern anstellst, deine Kinder müssen es nachher ausbaden. Deshalb schickt den duldsameren Familienteil mit den besseren diplomatischeren Fähigkeiten zum Elternabend! Und nicht jeder Lehrer kann damit umgehen, wenn du im Elternbrief die Satzbau-, Logik- und Strukturfehler anstreichst.

Überhaupt scheint es so, dass viele Lehrer diesen Beruf nicht aus Freude an der gepflegten intellektuellen Auseinandersetzung ergriffen haben. Vielleicht sogar im Gegenteil. Im Zweifel einfach mal die Klappe halten!

Und: Ärger dich nicht über die Schlechten, sondern unterstütz die Guten! Die haben es schwer genug, nicht zuletzt mit ihren Kollegen!

Du wirst vermutlich flexiblere Arbeitszeiten haben als die meisten Eltern, also nutze das und unterstütze in Schule und Kindergarten, wo es nur geht. Ob als Aufsicht beim Schwimmunterricht, bei der Organisation des Sommerfestes oder bei der Reparatur der Windows95-Büchsen im Computerraum: Wenn du dafür sorgen kannst, dass sich die guten Lehrer mehr, und mit mehr Freude, den Kindern widmen können, bist du ein Held!

Andere Kinder

Besuche von anderen Kindern sind keine meiner Leidenschaften. Kommt das Besucherkind mittags nach der Schule mit nach Hause, gibt es eigentlich nur zwei Gerichte, die du auf den Tisch bringen kannst: Pizza oder Nudeln mit Gehacktessauce. Fremdkinder sind mit dem Essen nämlich noch pingeliger als deine eigenen.

Gehacktessauce geht natürlich nur, wenn das Kind kein Vegetarier ist. Sowas gibt es wirklich. Vorsorglich sollest du neben der Frage nach dem Genuss von Fleisch bei den Eltern nachfragen, ob nicht irgendwelche Nahrungsmittelallergien bestehen. Am besten gibst du deinem Kind einen Zettel zum Ankreuzen wie beim Arzt mit. Denn scheinbar gibt es nur noch wenige Kinder, die alles essen können, wenn sie es denn wollten.

Die Tischmanieren des Gastkinds sind oft so erschreckend, dass du froh bist, so liebreizende Kinder zu haben. Du hättest nicht gedacht, so etwas einmal zu sagen, aber es hätte offensichtlich viel schlimmer kommen können.

Sind neue Freunde zu Besuch, so kommt irgendwann das wunderbare Spiel, wir rennen auf Socken schreiend durchs Haus und versuchen, den anderen mit einer, wie auch immer gearteten, Waffe anzugreifen. Irgendwann beschließt du, dazwischen zu gehen, bevor noch irgendetwas zu Bruch geht. Du bittest die Spielenden, das Spiel nach draußen zu verlegen oder sich ruhiger zu verhalten.

Sie geloben Besserung, und das klappt auch genau fünf Minuten, bis sie sich wieder auf Socken schreiend durchs Haus verfolgen. (Die

Socken sind wichtig, damit die Kinder in den Kurven besser rutschen.) Irgendwann gibst du auf und sorgst nur noch dafür, dass die kleineren Geschwister nicht unter dem Besuch und deinem aufgekratzten Kind leiden müssen.

Dein Blick wandert alle fünf Minuten auf die Uhr, und du hoffst, dass das Besucherkind pünktlich abgeholt wird. Ist der Besuch verschwunden, bist du unendlich glücklich, dass du genau diese Kinder hast und nicht jenes, das gerade das Haus verlassen hat.

Kindergeburtstage

Die Steigerung von Kinderbesuch sind Kindergeburtstage. Eines der Dinge, die mich beim Zusammenleben mit meinen Kindern so richtig in Panik versetzen können, ist der Gedanke an Kindergeburtstage.

Ich weiß, es gibt durchaus Eltern, die Spaß an der Planung und Durchführung solcher Veranstaltungen haben. Aber mir macht die Vorstellung, eine Horde wild gewordener 6-jähriger durch mein Haus rennen zu haben, Angst. Wenn ich so viele Kinder im Haus hätte haben wollen, dann hätte ich mehr Kinder bekommen oder adoptiert. Hab ich aber nicht. Das sagt wohl genug.

Ich soll mich nicht so anstellen, lese ich dann in einschlägigen Artikeln oder Büchern. Schließlich wäre das ja nur einmal im Jahr. Klar, offensichtlich hat der Schreiber nur ein Kind. Ich hab drei. Das macht bei dreimal pro Jahr 10 Jahre lang 30 Kindergeburtstage. Also, ich finde das viel.

Vielleicht ist die Vorstellung von Kindergeburtstagen für mich auch nur so schlimm, weil ich früher immer diejenige war, die auf ihren Geburtstagen geheult hat. Irgendwas war eben nie so, wie ich es mir für meinen perfekten Tag so vorgestellt hatte.

Der ultimative Tipp für den stressfreien Kindergeburtstag ist auf jeden Fall das Outsourcen. Für größere und mittelgroße Kinder eignen sich Kletterhallen, Höhlen, Kanufahrten oder Museen, die oft einen Kindergeburtstagsservice anbieten.

Ab einem gewissen Alter bieten sich sicher auch Kinobesuche an. Außerdem gibt es einige Vereine oder Naturorganisationen, die für

Kindergruppen ein Naturmobil anbieten. Da geht ein Mitarbeiter mit den Kindern auf Erkundungstour in den Wald, und später werden die Funde im Naturmobil mit Mikroskopen analysiert. Schöne Sache.

Ganz wichtig ist übrigens, dass die Besuchskinder den Geburtstag mit einem Geschenk verlassen. Nicht selten schleppen unsere Kinder tütenweise Süßigkeiten oder kleinere Spielzeuge nach Hause. So hörte ich auch von Kindern, die wirklich empört waren, als sie kein Präsent auf einer Feier bekamen.

Aus Sicht des Vaters: Geschenke

Geschenke, ein ständiger Terror! Unsere lieben Kleinen verhalten sich relativ zivilisiert in dieser Angelegenheit und haben durchaus Sinn für den »Weniger-ist-Mehr«-Ansatz.

Schlimmer sind schon Verwandte, Paten und Eltern von Klassenkameraden. Bereits im September wird nachgefragt, was sich der Nachwuchs denn zu Weihnachten wünscht. »Wir sind froh, dass bei uns im Haus noch nicht von Weihnachten geredet wird, und das soll auch noch einige Monate so bleiben«, wäre ein probate Antwort, die deinem Gegenüber am Telefon aber sicher keine Freude macht.

Trotzdem: a) Ich weiß nicht, was meine Kinder sich gerade wünschen, b) sie werden ihre Wünsche sicher noch 30 Mal ändern, c) haben wir genug Krempel, und d) ist es das schönste Geschenk, wenn sich jemand viele Gedanken macht und dann etwas Bleibendes schenkt.

Ich will ehrlich gesagt nicht, dass jemand das Gedankenmachen an mich outsourcet. Wem nichts einfällt, der soll nichts schenken. Das halte ich selbst auch so.

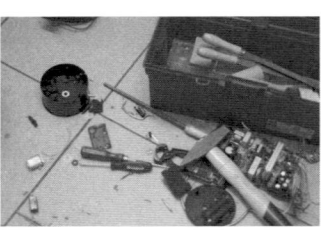 Eine Zeit lang war es einfach, die Frage nach Geschenken zu beantworten und gleichzeitig dem Gegenüber mächtig auf die Nerven zu gehen. Die Jungs waren nämlich zwei Jahre ganz dick im Handwerken und Basteln. »Was wünscht sich denn der Junge?« »Ein Paket SPAX-Schrauben!« »Schrauben?« »Ja!« »Ist das nicht ein wenig ... nicht-liebevoll?« »Deshalb sollst du auch nicht irgendwelchen Schrott aus dem Baumarkt kaufen, sondern ordentliche Schrauben ...«

Ja, das war die Zeit, in der die Wunschzettel der Kinder viele besorgte Anrufe hervorriefen. Aber die Geschenke waren immer praktisch und wurden intensiv genutzt.

Aus Sicht des Vaters: Weihnachten

Das Jahresende ist der weltweite Höhepunkt des Konsumterrors und der Gefühlsduselei. Wenn du praktizierender Christ sein willst, feiere Ostern groß und ordne Weihnachten in der Wichtigkeit irgendwo zwischen Pfingsten und Himmelfahrt ein. Theologisch ist Weihnachten bestenfalls eher unwichtig und schlimmstenfalls problematisch.

Ohne Kinder konntest du dich dem Werbetrommelfeuer des Konsumterrors, der duselig blinkenden Tannengrünfröhlichkeit der Innenstädte, dem Santa-Claus-Terror und den Spendensammlern vielleicht noch entziehen, aber mit Kindern ist damit Schluss. Krabbelgruppe, Kindergarten, Sportverein, Schule, Musikschule, Pfadfinder, Waldritter, ... alle werden euch mit Feiern, Vorbereitungstreffen, Plätzchenbackmeetings, Schmückfesten und Bastelabenden terrorisieren.

Am 23. Dezember kommst du dann nach Hause und freust sich, endlich in Ruhe gelassen zu werden. Für uns ist Weihnachten eigentlich zum Fest des Entspannens vom Weihnachtsterror geworden. Das klappt aber nur, wenn deine Verwandten den Konsum- und Glückseligkeitskrieg nicht auch noch in die Feiertage selbst tragen – wir haben da Glück.

Über die Vorweihnachtszeit können wir uns eigentlich nur retten, indem wir uns gemeinsam ausmalen, wie wir mit Gotcha-Waffen an Weihnachtsmännern und Rentieren in den Vorgärten das Drive-By-Shooting üben. Das sind Gedanken, an denen die Kinder stundenlang Spaß haben können.

Selbstgebastelter Weihnachtsbaum unserer Kinder

Aus Sicht des Vaters: Das konsumkritische Kind

Unsere Gesellschaft hat Probleme: viele Dinge und wenig Glück, viel Werbung und wenig Wahrhaftigkeit, viel Information und wenig Kommunikation. Nun hältst du dich für schlau und für über viele gesellschaftliche Mechanismen erhaben. Du fällst nicht wie die »Sheeple« auf jeden Mode-, Medien- und Marketinghype rein, sondern nur auf jeden zweiten – an guten Tagen.

Es zerreißt dir das Herz, zu sehen, mit welcher Perfidität versucht wird, aus Kindern Kapital zu schlagen. Fernsehen und Zeitschriften mögen das erste sein. Spätestens in der Grundschule kann es dann vorkommen, das der Lehrer Werbung verteilt oder die Kinder sich bei einem Internetportal anmelden sollen, dessen Geschäftsmodell mehr als undurchschaubar ist. Da sind wir dann auch schnell beim Schutz der Privatsphäre (vulgo »Datenschutz«).

Es hilft, wenn du dir und deinem Kind von Anfang an die Frage »Cui bono?« (Zu wessen Nutzen?) stellst: Wer bietet diese fabulöse Webseite an und was verspricht er sich davon? Menschen mögen altruistisch handeln, aber Unternehmen (und viele andere Organisationen) können und sollen das in aller Regel nicht, also ist es immer wichtig, nach der Motivation zu fragen. Diese Unterscheidung zu treffen und diese Fragen zu stellen, gehört vermutlich zu den wichtigsten Dingen, die du deinen Kindern beibringen kannst.

Der nette Polizist lässt den Knirps vielleicht wirklich nur, weil er ihn mag, auf seinem Motorrad sitzen. Aber wenn die Bundeswehr drei Tage zur Besichtigung von Kasernen und zum Panzerfahren einlädt, sollte man sich schon mal fragen, ob das reine Freundlichkeit ist, oder ob die Bundeswehr damit noch weitere Ziele verfolgt.

Die 1000 unverbindlichen Lernhilfen, Dyskalkulietests und Schnupperabos haben alle einen Zweck, und der stimmt oft nicht mit den Interessen des Nutzers überein.

Aber bei aller Kritikfähigkeit – achte darauf, dass du es bei deinen Kindern nicht zu weit treibst. Wenn sie anfangen, die große Kühltheke in der Eisdiele zu hinterfragen, da diese offensichtlich nur den einen Nutzen haben könne, nämlich die Lust auf ein größeres Eis zu wecken, dann hast du den Bogen vielleicht überspannt.

KAPITEL 6

Dein Kind und die Technik

TV

Nachdem wir Kinder bekommen hatten, haben wir aufgehört, TV zu gucken. Das hatte nicht unbedingt einen kausalen Zusammenhang. Es ergab sich einfach so. Ab und zu mal eine DVD, das war's auch schon. Es gab noch keine brauchbaren Angebote zum Runterladen von Filmen aus dem Netz. Das Netz war auch noch nicht wirklich schnell genug dafür. Unseres zumindest nicht. Also war Fernsehen für unsere Kinder etwas, das es nur bei den Großeltern gab. Wir wurden nie gefragt, ob wir mal Sponge Bob anmachen oder ob sie erst nach dem Sandmännchen ins Bett könnten.

Nun ist es nicht so, als wollten wir unseren Kindern diese wichtige Kulturtechnik vorenthalten. Mit Internet, Video on Demand, DVD und iTunes-Store genießen wir heute die meisten Dinge werbefrei und wann immer wir wollen. So werden bei uns Filme und Serien immer gemeinsam geschaut. Keiner versauert hier alleine vor dem Fernseher. Es sei denn zum Lernen einer Fremdsprache, da dürfen Zeichentrickserien auf Englisch auch schon mal alleine geschaut werden, vorzugsweise natürlich von den Eltern ausgewählte Klassiker wie Simpsons oder Futurama.

Als Fr. Kleinkind knapp drei Jahre alt war, wollte ich gerne mit ihr Biene Maja und Heidi schauen, weil ich diese Serien als Kind so sehr geliebt hatte. Allerdings musste ich schnell rausfinden, dass viele Heidi-Folgen meiner Tochter einfach zu gruselig waren. Irgendwann soll das geliebte Lamm Schnucki geschlachtet werden (die Folge sollte echt verboten werden!), und so ein Gewitter in den Bergen scheint auch vor dem Bildschirm sehr gefährlich zu sein. Auf jeden Fall musste sie mehrfach weinen.

Auch Biene Maja war insbesondere mit der Spinne Thekla zum Teil einfach zu spannend für Fr. Kleinkind. Und mir ging Maja, die ständig ihren Kopf durchsetzen musste und dabei immer wieder in Gefahr geriet, irgendwann mächtig auf die Nerven.

Also setzen wir auf etwas anderes: Star Trek. Und ich fand heraus, dass Fr. Kleinkind mit drei Jahren alle Star Trek Voyager-Folgen sehen konnte, ohne auch nur einmal in Tränen auszubrechen. Klar, die Borg waren ein bisschen gruselig. Aber wer findet das nicht. Am schlimmsten fand sie den Roboter in Tom Paris' Holo-Roman Captain Proton.

Nach kurzer Zeit konnte sie die Namen aller Kommando-Offiziere auswendig und lief ständig im Haus herum: »Wir sind die Borg. Sie werden assimiliert!«, alternativ war sie Chakotay und kommunizierte mit einer imaginären SevenOfNine. Irgendwann nahm sie dann die Worte Warpkern-Bruch, Exoskelett und Jefferies-Röhre in ihren aktiven Wortschatz auf. Yeah! Ich könnte nicht stolzer sein!

Zudem fiel mir auf, dass sich meine beiden Söhne an die Handlungen sämtlicher Folgen erinnern und alle außerirdischen Rassen benennen konnten. (Wenn das mit den Lateinvokabeln nur auch mal so gut klappen würde.) Das wirklich Schöne ist aber, dass sich die Dinge, die wir gemeinsam gesehen haben, immer wieder stark auf ihr Spiel auswirken. So wurde die Voyager schon mehrfach aus Lego nachgebaut und von Borgkuben, ebenfalls aus Lego, beschossen, der Delta-Flyer aus Karton befindet sich gerade in der Planungsphase, und aus Fimo haben sie einen medizinischen Trikorder gebaut, der mit einer Batterie und einem Farbwechsel-LED versehen wurde.

Der 11-Jährige verschlingt Bücher über die Technik von Star Trek und Raumschiffe bauen gehört neben Chemiker zu einem seiner größeren Berufswünsche.

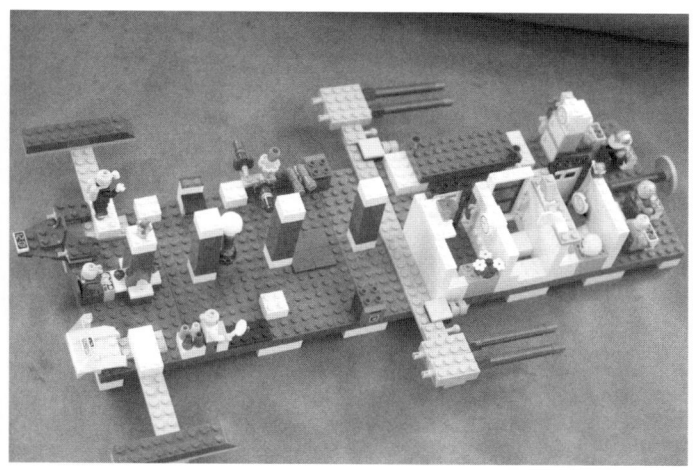

*Voyager-Nachbau inkl. Crew-Quartieren, Neelix-Küche
und Warp-Kernen und -Gondeln*

Aus Sicht des Vaters: Kill your TV

Niemand braucht einen Fernseher. Wirklich.

Ja, es gibt sicher das eine oder andere Fernsehprogramm, das das Prädikat »wertvoll« verdient, aber überwiegend läuft nicht nur ziemlicher Mist im Fernsehen, sondern man schaut sich auch selbst überwiegend Mist an. Oder nicht? Nur weil du *arte* an hast, ist das Dokumentationen-an-sich-vorbeirieseln-lassen auch nicht plötzlich ein Kulturgenuss.

Wenn du keinen Fernseher hast, hast du als Durchschnittsdeutscher 1350 zusätzliche Stunden pro Jahr, in denen du etwas Sinnvolles machen kannst. Mach das!

Obendrein erspart es natürlich jede Menge Diskussionen mit den Kindern. Wenn es keinen Fernseher im Haus gibt, muss man auch nicht über ihren Fernsehkonsum diskutieren.

Natürlich müssen die Kinder nicht frei von »Video« aufwachsen. Mit Computer, Mediaplayer und Tablet-PC gibt es jede Menge Möglichkeiten zum Konsum. Aber das verflixte »Mal sehen, was läuft«, das du beim Fernsehen hast, fällt weg.

Als Eltern hat man viel mehr Einfluss darauf, was die Kinder konsumieren, und die Kinder lernen, Sachen am Stück zu schauen und nicht irgendwelche Schnipsel, die um Werbeblöcke herum drapiert werden. Du kannst auch den Einfluss von Fernsehwerbung auf deine Kinder deutlich zurückschrauben, was immer gut ist.

Ich wüsste keinen guten Grund, der für einen Fernseher im Haus spricht. Bei Großeltern und in Hotelzimmern dürfen die Kinder dann gerne ungehemmt vor der Glotze sitzen – ist ja auch eine Kulturtechnik, die sie erlernen sollten, aber bitte möglichst selten.

Computer

Seit unser ältester Sohn neun Jahre war, besitzen unsere Kinder einen eigenen Computer. Die meiste Zeit sind sie damit kreativ tätig. Sie können stundenlang Musik mit Garage Band komponieren, sie drehen und schneiden Videofilme und drucken ihr eigenes Geld für irgendwelche Spiele.

Gelegentlich wird im Internet gesurft, das allerdings nur nach vorheriger Absprache, und die Kinder dürfen auch nach Absprache

Minecraft oder Hordes of Orcs spielen. Einen Internetfilter benutzen wir nicht, allerdings spielen die Kinder auf einem eigenen Minecraft-Server, zu dem sie auch Freunde einladen.

Wenn nicht einer alleine am Computer arbeiten möchte, gibt es die Regel, dass Computer-Spiele nur gemeinsam gespielt werden dürfen. Das hat den großen Vorteil, dass es so keinen Streit gibt, weil eines der Kinder den Computer blockiert.

Was allerdings einen großen Streit gab, waren verschiedene Wünsche bei Bildschirmschoner, Bildschirmhintergrund und der Vorgehensweise bei Minecraft, zu dem sie anfangs nur einen Account hatten. Irgendwann war dann eine Account-Trennung nötig. Auch der Minecraft-Account wurde gesplittet. Jetzt müssen sich die zwei allerdings immer einig werden, mit wessen Account sie spielen. Was aber erstaunlich gut funktioniert.

Fr. Kleinkind ist natürlich mit dabei und weiß erstaunlich gut Bescheid, wie es bei Minecraft so läuft. »Nee, das müssen wir im Creative machen.« »Und dann haben wir alle unsere Doggis vom Turm geschubst, das war lustig.« »Vorsicht, es ist dunkel. Wir brauchen ein Bett!« Besonders lustig war, als sie eines Tages die Treppe hochging und fröhlich vor sich hin trällerte: »Geh mir aus dem Weg, sonst muss ich dich töten.« Mir ist allerdings unklar, aus welchem Spiel sie das haben könnte.

Es ist wichtig, Kindern frühzeitig beizubringen, keine Angst vor der Technik zu haben. Insbesondere sollte man sich nicht scheuen, den Kindern beizubringen, wie man mit dem Hex-Editor die Spielstände von Spielen verändert oder sich unendlich viele Leben erschleicht.

Programmieren

Nur weil beide Eltern programmieren können, bedeutet das leider nicht, wie wir dachten, dass auch bei den Kindern das Programmieren im Blut liegt. Und sich die Kinder das Programmieren, wie wir früher, mal eben so selbst beibringen. Als wir damals anfingen zu programmieren, waren Computer neu, und Programme gab es nur wenige. Bei dem unglaublichen Angebot an Software heute fällt es bereits dem erfahrenen Programmierer schwer, sich etwas Neues auszudenken.

Wer mit Snake auf einem Sinclair ZX Spectrum aufgewachsen ist, der weiß noch, wie rudimentäre Grafik aussieht, und der hatte auch noch Freude daran, ähnliche Dinge zu programmieren. Aber wen kann man heute mit ein paar großen, sich bewegenden Pixeln noch hinter dem Ofen hervorlocken?

Unsere Versuche, die Kinder zum Programmieren zu bringen, waren bisher nicht von Erfolg gekrönt. Mal eben 10 PRINT »Hallo« 20 GOTO 10 nach einem einladend blinkenden Cursor zu tippen, ist eben auch einfacher, als einen Python-Fünfzeiler zu schreiben, der das Gleiche macht.

Internetzensur

Wir halten beide nichts von Internetzensur und so wollen wir auch beide nicht, dass das Internet unserer Kinder zensiert ist. Natürlich passieren im Internet furchtbare Dinge, aber ehrlich gesagt bin ich noch nie aus Versehen über Seiten gestolpert, die ich nicht hätte sehen wollen, geschweige denn, dass sie für Kinder anstößige oder gefährliche Inhalte enthalten hätten.

Wesentlich wichtiger als eine Zensur ist doch, Kindern beizubringen, wie sie mit anstößigen Inhalten umgehen sollen. Wenn unsere Kinder anfangs etwas im Internet gesucht haben, dann haben wir uns danebengesetzt und auch schon mal Tipps zum besseren Suchen gegeben.

Außerdem haben wir mit ihnen darüber gesprochen, dass das Internet kein Ponyhof ist und dass bei ihrer Bildersuche vielleicht auch mal Bilder mit unerwartetem Inhalt auftauchen. In so einem Fall sollen sie Bescheid geben, und wir sehen uns gemeinsam an, warum das Bild aufgetaucht ist und wie sie so etwas beim nächsten Mal vermeiden können.

Etwas problematischer ist die Internethygiene. So werden unsere Kinder von ihren Kumpels nämlich gerne mal dazu angestiftet, diesen Patch oder jenes Mod für Minecraft runterzuladen. Dass solche Dinge auch schon mal aus dubiosen Quellen stammen und nicht immer das sind, was sie scheinen, ist da schon etwas schwieriger zu begreifen. Die Kumpels machen's schließlich auch. In solchen Fällen ist massive Aufklärung angesagt.

Tablet-Devices

Ihre ersten Erfahrungen mit elektronischen Geräten machte unsere Tochter mit sechs Monaten. Mein iPhone übte damals einen unglaublichen Reiz auf sie aus. Anfangs fasste sie es nur an und versuchte auch schon mal, es sich in den Mund zu stecken. Da wir mit zwei anderen Kindern aber schon genug Erfahrung hatten, wussten wir, was alles und vor allem wie unerwartet etwas aus so einem Kindermund wieder herauskommen kann. So hatte ich natürlich große Angst, dass Fr. Kleinkind die soeben getrunkene Milch in einem Schwall auf meinem iPhone übergeben würde.

Mit acht Monaten fand sie heraus, dass da unten auf dem Display ein Schieberegler war und dass der sich bewegte, wenn sie mit dem Finger darüber wischte. Ihre Motorik war jedoch noch nicht so ausgereift, dass sie den Regler bis zum Ende hätte schieben können. Das iPhone war sicher, noch! Auch von der Milchschwallfront war nicht mehr viel zu erwarten, da Fr. Kleinkind seit mehreren Wochen ausschließlich feste Nahrung zu sich nahm.

 Mit gut einem Jahr und somit einigen Monaten Übung war sie dann in der Lage, gelegentlich den Schieberegler bis zum Ende durchzuziehen und das iPhone zu entriegeln. Wenn sie nun auf den Programm-Icons rumdrückte und wunderbare Dinge passierten, schaffte sie es auch immer mal wieder, lang genug zu drücken, um einige meiner Programme zu löschen. Das war der Punkt, an dem ich anfing, ihr mein iPhone weniger häufig zu geben. Übrigens hatte ich darauf geachtet, dass das Gerät nur auf Bodenhöhe und über einem Teppich bedient werden durfte.

Eineinhalb war das Alter, in dem sie einzelne Spiele auf dem iPad benutzen durfte. Da gibt es massenhaft Lernspiele für Kleinkinder, deren pädagogischen Wert ich mal in Frage stellen möchte. Unsere Tochter hatte aber auf jeden Fall Freude daran. In puncto Nervigkeit und Sound stehen diese Spiele dem bereits erwähnten schrecklichen elektronischen Spielzeug in nichts nach. Immerhin hat das iPad einen Lautstärkeregler. Leiser machen funktioniert aber nur, solange dein Kind nicht weiß, dass dieser Regler existiert und wie man ihn bedient. Es empfiehlt sich übrigens, die Lautstärke zu drosseln, BEVOR du deinem Kind das Gerät gibst, denn leiser machen haben deine Kinder in den seltensten Fällen gerne.

Als sie zwei war, startete sie ihre Lieblingsspiele ganz gezielt und mit zweieinhalb war sie sogar in der Lage, Buchstaben in Schreiblernspielen auf den gleiche Buchstaben zu ziehen. Heute, mit drei, findet sie Spiele auf meinem iPhone, von denen ich noch nicht einmal wusste, dass sie da waren.

iHelper

Wenn du mal einige Minuten Ruhe zum Telefonieren oder Programmieren brauchst, eignet sich ein Smartphone oder ein Tablet-PC ganz wunderbar, um dein Kind zu beschäftigen. Auch längere Wartezeiten bei Ärzten oder lange Fahrten im Auto können so einfach überstanden werden.

Ebenso kannst du diese Geräte benutzen, um dein Kind zu beruhigen oder abzulenken. Zum Beispiel, wenn es traurig ist, weil ein Elternteil gerade irgendwohin gefahren ist oder dein Kind anderweitig schlechte Laune hat.

Du sitzt im Auto und eines deiner Kinder droht, 15 Minuten vor dem Eintreffen zu Hause einzuschlafen? Kinder die zur falschen Zeit schlafen, können deine ganze Abendplanung ruinieren, vor allem, wenn du noch dringend etwas arbeiten musst. Hier findet das Tablet-Device als Wachhalter seinen Einsatz.

Du siehst, Tablet-PCs sind vielseitig einsetzbar und deshalb ungemein empfehlenswert.[1]

Social Media

»Mama, du willst das jetzt aber nicht twittern, oder?« »Guck mal, wäre das nicht etwas für dein Blog?« Unsere Kinder sind schon sehr gewahr, was ihre Eltern online so treiben. Und manchmal basteln sie Dinge aus eigenem Antrieb, die ich dann in meinem Blog veröffentlichen soll. Sie besitzen alle weder einen Twitter- noch einen Facebook-Account. Der Große findet Facebook (»Fratzenkladde«) sowieso total furchtbar, das haben sie ihm in der Schule eingebläut. Für sowas gibt es heute nämlich Fächer wie ALF (nein, nicht der Außerirdische, Allgemeine

---

1 Siehe auch *http://is.gd/smartphoneforkids*

Lebensführung nennt sich das). Das bedeutet wohl, dass uns dieses Thema noch einige Jahre erspart bleibt.

Die meisten Mädchen in seiner sechsten Klasse benutzen Facebook allerdings schon länger. Mir sind auch einige Viertklässlerinnen bekannt, die bereits dabei sind. Die vierte Klasse, je nach Geschlecht, sollte also der späteste Zeitpunkt sein, dich selbst mit der Thematik vertraut zu machen.

Aus Sicht des Vaters: Cheaten

Du spielst nicht mit dem Computer. Und wenn, nur aus wissenschaftlichem Interesse. Echt! Computerspiele sind eine tolle Methode, Kindern viel über die Welt beizubringen. Zum Beispiel: Wenn ein Spiel umsonst ist: Wovon lebt dann die Firma, die das Spiel hat programmieren lassen? Oft eine kniffflige ökonomische Frage.

Aber insbesondere ist der Computer dazu da, das zu tun, was du ihm sagst, und nicht, was ihm irgendwer anderes sagt. Alles im Computer ist nur Software. Und Software kann man beliebig manipulieren. Das solltest du deinen Kindern schon früh am lebenden Objekt demonstrieren.

Also: Das Spiel spielen, dir deinen aktuellen Kontostand im Spiel merken, Spiel im Debugger anhalten, Kontostand-Wert im Speicher suchen, Zahl hochsetzen, Spiel weiterlaufen lassen, hoffen, dass man jetzt reicher ist. Wenn dir ein Debugger zu krass ist, nimm einen Hex-Editor und bearbeite einen gespeicherten Spielstand.

Es gibt noch viele andere schöne »Hackermethoden«, um Spiele zu »optimieren«. Wichtig ist, am lebenden Beispiel zu zeigen, dass der Computer als universalprogrammierbare Maschine eigentlich immer dazu zu bringen ist, das zu tun, was man will – es aber erhebliche Arbeit sein kann.

Wie du aus deinen Kindern Geeks machen kannst

Ermutige deine Kinder, zu basteln, Dinge auseinanderzunehmen und Sachen zu konstruieren. Bringe ihnen bei, ein Macher und kein Konsument oder Kopierer zu sein. So werden deine Kinder Vertrauen in ihre Talente und eigenen Fähigkeiten gewinnen, und vor allem werden sie sicher sein, dass es für jedes Problem eine Lösung gibt.

So kannst du sie dabei unsterstützen:

- Zeige deinen Kindern, wie man Dinge auseinander nimmt. So lernen sie, wie die Dinge, die uns täglich umgeben, funktionieren. So lernen sie, die Welt zu verstehen.

- Eröffne ihnen alternative Welten, indem du mit ihnen Star Trek schaust und ihnen Science-Fiction-Bücher vorliest. Das wird ihre Fantasie beflügeln.

- Lese viel zum Spaß und umgib dich und deine Kinder mit spannenden Büchern, Science Fiction, Fantasy, naturwissenschaftlichen Büchern für Kinder. Wenn deine Kinder mit Worten umgehen können, können sie alles erschaffen.

- Spiele mit ihnen gemeinsam, egal ob Brettspiele, Rollenspiele oder Computerspiele. Insbesondere bei Computerspielen werden Auge-Hand-Koordination, Reaktionsfähigkeit und Orientierungsvermögen geschult. Und eben auch die taktischen Fähigkeiten, die bei allen Arten von Spielen gefördert werden.

- Gib ihnen Material, um Neues zu erschaffen: Lego, Fischer Technik, Lego Mindstorms oder einfach nur Kartons.

- Baue mit ihnen Dinge wie Raketen, Motoren oder Roboter. Bringe ihnen bei, wie Dinge funktionieren.

- Erklär ihnen, wie man eine Suchmaschine wirklich benutzt. Das wird ihnen einen immensen evolutionären Vorteil bringen.

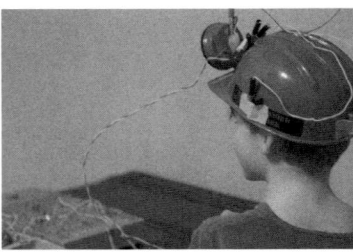

- VERSUCHE zumindest, ihnen das Programmieren beizubringen. Dieser Punkt hat sich bei unseren Kindern schwieriger erwiesen als gedacht. So richtig wollte der Funke bisher nicht überspringen.

Gedankenkontrollhelm – bestens zur Gedankenkontrolle von Geschwistern geeignet

- Ermutige sie, Fehler zu machen, indem du ihnen zeigst, dass es dir auch passiert. Nur wer nicht beim ersten Rückschlag aufgibt, wird später erfolgreich sein. Lass sie sehen, wie du bei der Fehlersuche vorgehst und wie du Wege findest, die Fehler zu beheben. Wer keine Fehler macht, kann auch nichts lernen.

Bücher und Filme, die du deinen Kindern nicht vorenthalten darfst[2]

- Goonies
- Nummer 5 lebt
- Tron
- Hackers
- Zurück in die Zukunft
- Star Trek oder halt Star Wars

Mal-Roboter aus einem alten PC-Lüfter (www.geekparents.com)

---

2   Siehe auch *http://www.wired.com/geekdad/2012/03/67-books-for-kids/*

- Simpsons und Futurama (am besten direkt auf Englisch gucken, so tut ihr zusätzlich was für die Schule)
- Videos von They Might Be Giants, z.B. Science is real, Why Does the Sun Really Shine?, How Many Planets?, Meet the Elements, I Am a Paleontologist, Photosynthesis und Electric Car (siehe auch *http://is.gd/theymightbegiants*)
- Der kleine Hobbit, J.R.R. Tolkien
- Per Anhalter durch die Galaxis, Douglas Adams
- The Graveyard Book, Neil Gaiman
- Pu der Bär, Alan A. Milne
- Die 13 1/2 Leben des Käpt'n Blaubär, Walter Moers

Geekige Dinge, die deine Kinder unbedingt machen sollten

- Einen Roboter bauen.
- Etwas programmieren.
- Mit Lego ein Raumschiff bauen.
- Ein eigenes Brettspiel erfinden.
- Monkey Island spielen.
- Einen Film drehen und schneiden.
- Ein Hörspiel produzieren.
- Ein Baumhaus oder eine Hütte im Wald bauen.
- Papier machen.

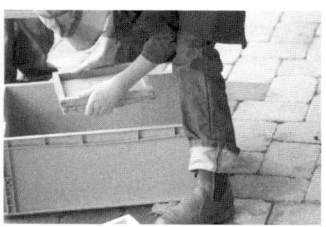

Beim Papierschöpfen

Bei der Bepflanzung eines Beetes

- Einen Bach aufstauen.
- Ins Deutsche Museum in München fahren.
- Eine Reise ins Science Museum London machen.
- Stockbrot überm Feuer braten.
- Ein Feuer löschen.
- Eine Reportage schreiben.
- Im Garten Pflanzen säen.

Wenn's dann doch nicht klappt

Dein Sohn interessiert sich nicht für Computer, sondern für Pflanzen? Kein Problem, er könnte Karriere in der Gentechnik machen. Deine Tochter will Schauspielerin werden? Noch ist nicht alles verloren, selbst aus Schauspielern wie Wil Wheaton ist ein ordentlicher Geek geworden. (Na, gut, vielleicht lag es auch an der Rolle.)

Aber ganz manchmal kann es auch sein, dass trotz all deiner Bemühungen aus deinem Kind kein rechter Geek zu werden scheint. Das ist kein Fehler im System. It's not a bug, it's a feature. Kinder gehen eben ihren eigenen Weg.

Sei keinesfalls enttäuscht, wenn sich dein Kind anders entwickelt, als du es dir gewünscht hättest. Wenn dein Kind nicht deine Interessen teilt, dann versuche zumindest, dich für seine Interessen zu interessieren oder Dinge zu finden, an denen ihr beide Spaß habt. Das ist vermutlich nicht einfach, aber niemand sagte je, dass Kinder haben einfach sein würde.

»Offspring can be disturbingly illogical, yet profoundly fulfilling. You should anticipate paradox.« Tuvox, Star Trek Voyager, S7E12

KAPITEL 7

Dein Kind, du und viel Spaß

Mentos-Cola-Fontäne

Die Mentos-Cola-Fontäne ist alt, macht aber trotzdem mächtig viel Spaß. Es ist eine Sache, darüber gelesen zu haben oder Videos auf Youtube davon anzugucken. Aber selber machen ist was ganz anderes.

Du brauchst:

- Eine 2-Liter-Flasche Cola Light (die klebt im Zweifel nicht so)
- 7 Mentos (die normalen, keine Mentos Frucht)
- Ein Röhrchen, damit du alle Mentos gleichzeitig in die Flasche fallen lassen kannst. (Wichtig!)

Du gehst mit der Flasche und den Mentos nach draußen. Auf gar keinen Fall im Haus machen! Flasche auf einer geraden Fläche hinstellen, Deckel abschrauben, auf den Sprint vorbereiten, alle Mentos gleichzeitig mit dem Röhrchen in die Flasche fallen lassen, laufen.

Am besten läufst du rückwärts, weil, sonst verpasst du alles.

Was ist passiert?

In der Cola ist jede Menge Kohlenstoffdioxid (CO_2) gelöst. Eigentlich mehr, als die Cola verkraften kann, deshalb schäumt es schon beim Öffnen. Wenn die Mentos in die Cola fallen, machen sie keine chemische Reaktion mit den Inhaltsstoffen der Cola, sondern es findet eine physikalische Reaktion statt.

Die Mentos sinken auf den Flaschenboden und stoßen dabei auf das in der Cola gelöste CO_2. Da die Oberfläche der Mentos (zumindest bei denen mit Mintgeschmack) sehr rau ist, lagern sich dort kleine CO_2-Bläschen ab, die sich zu immer größeren Blasen zusammenschließen. Diese Blasen steigen mit großem Druck nach oben, wodurch noch mehr CO_2 freigesetzt wird. Das aufsteigende Gas reißt die Cola mit sich durch die Öffnung nach oben. Das alles läuft innerhalb von wenigen Sekunden ab.

Weil alles so schnell geht und es so großartig spritzt, werden deine Kinder dir auf ewig dankbar sein, wenn du noch eine zweite Flasche Cola gekauft hast.

Gummieier

Manche Experimente klingen total einfach. So einfach, dass du niemals denken würdest, dass irgendwas schief gehen kann. Die Gummieier waren so ein Experiment.

Du brauchst:

- 2 rohe Eier
- 1 Tube Elmex-Gelee (hat dir der Zahnarzt sicher schon für die Kinder aufgeschrieben)
- Essig
- 2 Gläser

Soweit, so gut. Irgendwie kamen wir auf die großartige Idee, Essigessenz zu nehmen. Das Zeug, das du zum Putzen verwenden kannst und für den Salat verdünnen musst. Geht sicher schneller, wenn das Zeug so stark ist, so dachten wir.

Also, du beschmierst ein Ei zur Hälfte mit Elmex-Gelee und lässt ihn einige Zeit einwirken. In einer Versuchsanleitung war die Rede von in Klarsichtfolie einpacken und vier Tage warten. Dafür waren wir zu ungeduldig und haben das Gelee nach fünf Minuten wieder abgewaschen. Ich denke, 20 Minuten hätten wir schon warten sollen.

Nun legst du beide Eier jeweils in ein Glas mit Essig und wartest ein bis zwei Tage.

Was sollte passieren?

 Der Plan ist, dass die Säure im Essig das Kalziumkarbonat der Eierschale löst, wobei Kohlenstoffdioxid entsteht, welches als kleine Bläschen auf der Schale zu erkennen ist. Nach ein bis zwei Tagen ist die Eierschale komplett verschwunden, und das Ei wird dann nur noch von der Eihaut zusammengehalten. Gummiei halt.

Bei dem Ei, das halb mit dem Elmex-Gelee bestrichen war, sollte sich nur die halbe Schale auflösen. Das im Elmex-Gelee enthaltene Fluorid sollte das Calcium so verankern, dass es von der Säure nicht gelöst werden kann.

Was ist passiert?

Die Schale des Eis hatte sich tatsächlich aufgelöst. Allerdings bei beiden Eiern, was mich vermuten lässt, dass die Einwirkzeit des Elmex-Gelees auf jeden Fall zu kurz war. Allerdings haben wir nicht wie erwartet rohe »Gummieier« erhalten, sondern unsere Eier sahen aus, als wären sie hart gekocht. Auch das Aufschneiden ergab: hartgekochte Eier. Nein, sie waren ganz sicher vorher nicht hart gekocht. (Ehrlich gesagt, sind Eier, die wie gekochte Eier aussehen, aber nicht wirklich gekocht wurden, schon sehr ekelhaft.)

Leider konnte uns weder das Internet, noch der ein oder andere Chemiekundige, den wir kannten, dazu Auskunft geben. Das heißt, hier müssen wir noch weiter experimentieren, vielleicht mit aufgeschlagenen Eiern in Essigessenz. Und das Ganze einfach auch mal mit normalem Essig probieren, um vielleicht tatsächlich richtige Gummieier zu bekommen.

Aus Sahne Butter machen

Auch kleine Dinge können bei Kindern einen großen Aha-Effekt auslösen. Aus Sahne Butter zu machen, war so ein Experiment bei uns.

Du brauchst:

- 1 Schraubglas
- 1 Becher Sahne

Du schüttelst gut 10 Minuten lang die Sahne. Das ist ein bisschen anstrengend, aber du kannst dich ja mit deinen Kindern abwechseln. Es lohnt sich, zwischendurch auch mal in das Glas zu gucken, denn als erstes wird die Sahne fest, was du dadurch merkst, dass du beim Schütteln nix mehr merkst. Nach noch mehr Geschüttele wird die Sahne sehr fest, und irgendwann wird sie dann tatsächlich zu Butter. Den Übergang von der geschlagenen Sahne zu Butter kannst du auch deutlich von außen sehen.

Natürlich könntest du die Sahne auch mit dem Küchenmixer schlagen und einfach weitermachen, bis Butter entsteht. Aber das wäre irgendwie auch ein bisschen langweilig.

Was ist passiert?

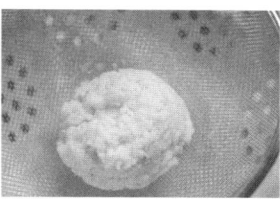

Flüssige Sahne ist eigentlich eine Emulsion, also ein Gemisch zweier normalerweise nicht mischbarer Flüssigkeiten, in diesem Fall Milchfett in Wasser. Die Fetttröpfchen sind von Eiweiß umhüllt, was dafür sorgt, dass sich das Fett mit dem Wasser vermischt und es nicht einfach obendrauf schwimmt.

Durch das Schlagen wird die Eiweißhülle der Fetttröpfchen an einigen Stellen beschädigt und sie beginnen, miteinander zu verklumpen. Sind sie größtenteils verklumpt, sind Butter und Buttermilch, die übrig gebliebene Flüssigkeit, entstanden.

Bevor du die Butter aufs Brot streichen kannst, musst du allerdings erst die Buttermilch abgießen und die restliche Buttermilch mit der Hand oder in ein Tuch gewickelt aus der Butter herausdrücken.

Magnetisches Müsli

Dass so manche Frühstückscerealien mit Vitaminen und Mineralstoffen angereichert werden, ist nicht nur bekannt, sondern wird gemeinhin von den Herstellern sogar als Extra-Feature verkauft.

Eigentlich hatte ich mir vorgestellt, dass Eisen in Nahrungsmitteln unsichtbar ist. Wobei das natürlich auch kein Thema ist, über das ich allzuviel nachdenke. Functional food meide ich meistens.

Irgendwo las ich dann, dass man das Eisen in Cerealien tatsächlich mit einem Magneten sichtbar machen kann. Klar, die Amerikaner. Aber bei uns ist da sicher nicht so viel Eisen drin, dass wir das sehen könnten. Oder doch?

Du brauchst:

- Frühstücksflocken mit einem Eisengehalt von mindestens 11,6 mg auf 100 mg Flocken
- 1 Gefrierbeutel

Als erstes zerkleinerst du die Frühstücksflocken im Beutel, wobei du darauf achten solltest, dass du keine Löcher in den Beutel machst. Da soll gleich nämlich noch Wasser rein.

Jetzt gibst du Wasser zu den Flocken und knetest, bis du eine geschmeidige Masse erhältst. Lieber ein bisschen zu viel als zu wenig Wasser. Das Ganze erinnert jetzt ein bisschen an schon mal gegessene Frühstücksflocken. (Isst eigentlich überhaupt jemand so ein Zeug?)

Jetzt suchst du dir einen richtig starken Magneten. Du drückst den Magneten gegen den Beutel und knetest noch mal den Inhalt, damit alles schön durcheinandergewirbelt wird und möglichst viel Eisen am Magneten vorbeikommt.

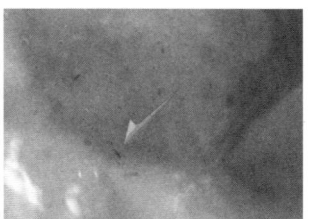

Entfernst du den Magneten, kannst du tatsächlich ein bisschen schwarzes Pulver im Brei erkennen, das vorher noch nicht da gewesen war.

Elektromagnet

Elektromagneten finden sich überall, z.B. in Klingeln, Motoren, Lautsprechern, Mikrofonen und da, woher wir sie alle kennen, auf dem Schrottplatz. Einen Elektromagneten kannst du leicht selbst mit deinen Kindern zusammenbauen.

Du brauchst:

* 1 großen Eisennagel
* emaillierten Kupferdraht
* 1 Batterie

Du wickelst den Kupferdraht um den Nagel. Die beiden Enden verbindest du mit der Batterie. Am besten machst du sie mit Tesafilm fest. (Kein Isolierband nehmen, das schmilzt.)

Achtung: Die Batterie wird sehr schnell sehr heiß, denn schließlich erzeugst du einen Kurzschluss. Blitzen kann es übrigens auch, wenn du die Drähte anlegst. Die Drähte sollten keinesfalls zu lange an den Magneten befestigt werden, da Batterien vom Kurzschließen auch schon mal explodieren können.

Jetzt kannst du mit deinem Elektromagneten Nägel und Büroklammern anziehen und Kompassnadeln bewegen.

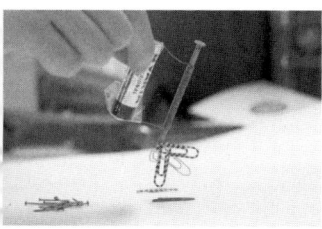

Die Stärke deines Magneten hängt von der Stromstärke, die wiederum von der Batterie und dem Widerstand des Drahts abhängig ist, und von der Anzahl der Windungen ab. Wenn du Plus- und Minuspol der Batterie am jeweils anderen Ende des Drahts anlegst, wird die Polarität des Magneten umgekehrt.

Was ist passiert?

Der Strom, der durch den Draht fließt, erzeugt ein Magnetfeld. Die vielen nebeneinander liegenden Windungen verstärken das Magnetfeld noch. Gleichzeitig wird der Nagel magnetisiert. (Das Ganze würde auch ohne Nagel funktionieren, aber die Wirkung des Elektromagneten wird mit Eisenkern noch verstärkt.)

Bevor der Strom fließt, sind alle Atome im Nagel durcheinander gewürfelt, d.h. sie zeigen in keine bestimmte Richtung. Sobald die Batterie angeschlossen ist, wirkt das Magnetfeld auf die Atome im Nagel und richtet diese alle in derselben Richtung aus. Dadurch wird das Magnetfeld des Drahtes verstärkt.

Je mehr Strom fließt, desto mehr Atome werden im Eisenkern ausgerichtet. Stehen irgendwann alle Atome im Nagel in einer Richtung, kann mehr Strom die Leistung des Magneten nicht mehr erhöhen.

Einen einfachen Elektromotor bauen

Ebenso einfach, wie du einen Elektromagneten bauen kannst, kannst du auch einen Motor bauen. Das Ganze wird sicher ziemlichen Eindruck bei deinen Kindern machen, und auch MacGyver wäre sicher stolz auf dich.

Du brauchst:

- 1 Batterie
- 1,5 m emaillierten Kupferdraht
- 2 kleine Stücke Klingeldraht
- 1 Rundholz mit 20 mm Durchmesser zum Herstellen der Spule
- 1 Magneten

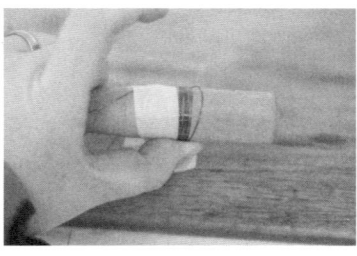

Du wickelst den Kupferdraht um das Rundholz und lässt an beiden Enden etwas Draht überstehen. Dann schiebst du den Draht vorsichtig vom Holz und wickelst die Enden zum Befestigen um die Spule.

Jetzt kratzt du von beiden Enden auf der Oberseite den Schutzlack ab, auf der kompletten Länge des Endstücks. Achte darauf, dass du wirklich nur oben den Draht abkratzt. Dreiviertel des Drahts müssen isoliert bleiben.

Befestige nun die beiden Stücke Klingeldraht an der Batterie und forme die beiden anderen Enden so, dass du die Spule hineinlegen kannst. Sobald du den Magneten nun zur Spule schiebst, beginnt sich die Spule zu drehen. Manchmal benötigt sie einen kleinen Schubs am Anfang. Fertig ist dein Motor.

Was ist passiert?

Mit Batterie und Spule hast du wie im vorherigen Experiment einen Elektromagneten gebaut, allerdings diesmal ohne Eisenkern. Wie du weißt, ziehen sich Plus- und Minuspole von Magneten an. Das ist auch hier der Fall. Die elektromagnetische Spule wird vom Dauermagneten angezogen und dreht sich dadurch.

Sobald durch die Drehbewegung im Draht eine noch isolierte Stelle erreicht wird, verliert der Elektromagnet seine Kraft und wird nicht mehr angezogen, dreht sich aber durch den Schwung weiter. Dadurch dreht sich die Spule wieder auf die abisolierte Stelle, der Strom fließt und der Elektromagnet wird wieder magnetisch und erneut vom Dauermagneten angezogen. Und so weiter. Bis die Batterie leer ist.

Aus Sicht des Vaters: Mach dich locker

Einige Texte in diesem Buch sind natürlich überzeichnet. Und doch: Kinder sind oft eine ärgerliche Angelegenheit. Vor allem ein Grund, sich über sich selbst zu ärgern. Was hätte man alles besser machen können? Was hätte man nicht alles noch gemeinsam machen können? Wo hätte man mehr Geduld haben sollen? Man kann so viel suboptimal machen in der Familie, und man hat so viel Verantwortung.

Andererseits, so »zarte Seelen« haben Kinder gar nicht. Aus den meisten werden trotz inkompetenter Eltern, lästiger Kinderärzte und/oder unfähiger Kindergärtner und Lehrer, aber auch trotz schimpfender Nachbarn, verrückter Freunde, verwirrter Professoren, Killerspiele, Blöd-TV und dem Internet doch ganz annehmbare Personen.

Milliarden von Menschen kriegen das mit dem »Eltern sein« irgendwie hin. Wenn du dein Kind liebst und obendrein nicht völlig auf dem Kopf gefallen bist, kriegst du das auch hin. Also mach dich locker. Ihr habt jeden Moment miteinander nur einmal, und viel zu früh ist der Nachwuchs aus dem Nest und ruft dich nur noch zum Geburtstag an. Denk daran, was deine Kinder ihren Kindern von dir erzählen sollen – und dann verhalte dich so, das es so wird.

Du schaffst das, keine Panik!

Deine Kinder werden schon mit dir fertig!

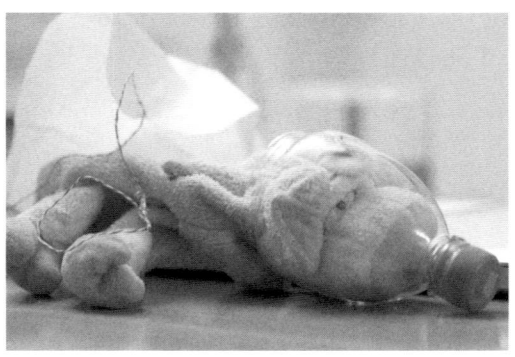

Index

Über die Autoren

Nicole Dornseif musste schon als Kind sämtliche Hauselektronik programmieren, ist fasziniert von allem Technischen und auch sonst von fast allem. Wenn sie als Kind nicht vor ihrem Sinclair ZX Spectrum saß, kletterte sie auf Bäume und bestimmte Pflanzen. Sie bloggt unter *http://www.lifeisbunt.de* und *http://www.geekparents.de*.

Maximillian Dornseif gründete während seiner Schulzeit auf 8bit-Computern sein erstes Softwarehaus. Promovierte später über Computerkriminalität und unterrichtete Hacking an der RWTH Aachen. Heute ist er am liebsten im Untergrund, wo er als Höhlenforscher die letzten weißen Flecken der Erde erkundet.

Über die Verlagsmitarbeiter

Susanne Gerbert ist Editor bei O'Reilly Deutschland. Aufbauend auf der *kurz & gut*-Reihe haben Volker Bombien und Susanne Gerbert das Konzept für die kurz & geek-Reihe erarbeitet.

Karin Driesen ist Herstellerin beim O'Reilly Verlag.

Kolophon

Die Abbildung auf dem Einband von *Eltern sein kurz & geek* stammt aus *Women – A Pictorial Archive from Nineteenth-Century Sources*. Das Cover wurde von Michael Oreal entworfen. Die Einbandschrift ist Adobe ITC Garamond. Die Textschrift ist Linotype Birka; die Schrift für die Überschriften ist Adobe Myriad Condensed.

Geek's corner

Kochen für Geeks

Jeff Potter, 484 Seiten, 2011, 24,90 €
ISBN 978-3-86899-125-3

Nach dem Erfolg von *Das Kochbuch für Geeks* gibt's einen ordentlichen Nachschlag: Auch *Kochen für Geeks* ist mehr als ein normales Kochbuch, denn es bringt Innovation und Inspiration in die Küche. Warum backt etwas bei 175° anders als bei 190°? Und wie schnell ist eine Pizza fertig, wenn man den Ofen auf 540° überhitzt? Autor und Koch-Geek Jeff Potter gibt hierauf fundierte, aber gleichzeitig auch überraschende Antworten. Wer beim Kochen experimentieren und lernen möchte, der muss *Kochen für Geeks* lesen – ganz egal, ob man selbst ein Geek ist.

Fitness für Geeks

Bruce W. Perry, ca. 384 Seiten, Oktober 2012, ca. 24,90 €
ISBN 978-3-86899-404-9

Geeks neigen dazu, ein äußerst wichtiges System zu ignorieren – nämlich den eigenen Körper. Lange Stunden vor dem Bildschirm sind keine gute Voraussetzung fürs Wohlbefinden – doch was kann einen echten Geek dazu motivieren, sich um eine gesündere Lebensweise zu bemühen? Die Antwort: eine fundierte, wissenschaftliche und teilweise Technik-gestützte Herangehensweise an das Thema.

Und genau die bietet *Fitness für Geeks*: Das Buch vermittelt umfassendes Gesundheitswissen und leicht anzuwendende Fitness-Hacks. Unter anderem beschreibt es, wie sich das System durch Bewegung am effektivsten rebooten lässt, was einzelne Nahrungsbestandteile im Körper bewirken, wie Schlaf- und Bewegungsphasen sowie Ess- und Fastenzeiten getaktet sein sollten und vieles mehr.

Hackerbrause – kurz & geek

Kathrin Ganz, Jens Ohlig, Sebastian Vollnhals
144 Seiten, 2011, 9,90 €, ISBN 978-3-86899-141-3

Wie kam Club-Mate, die bekannteste Hackerbrause, in die deutsche Hackerszene? Welchen Anteil hatten freie Getränkevertriebskollektive an der Verbreitung dieser Getränke? Und wer brachte das Getränk in die USA? Dies und noch vieles mehr wird in *Hackerbrause – kurz & geek* beschrieben. Die Geschichte der Hackerbrausen ist eine Geschichte der Hackerbewegung der letzten 15 Jahre.

Unser Programm

O'Reillys Tierbücher → *www.oreilly.de/catalog/prdindex.html*

Neben der Taschenbibliothek, die Sie gerade in Händen halten, bietet O'Reilly ein umfangreiches Programm an umfassenden Titeln zu nahezu allen IT-Bereichen an. Nach Ihren Erfahrungen mit unseren kleinen versuchen Sie es doch auch mal mit unseren großen Tieren.

O'Reillys Kochbücher → *www.oreilly.de/cookbooks/*

Sie suchen nach den richtigen Zutaten, um ein Programmier-Problem zu lösen? Dann ist ein Kochbuch von O'Reilly genau das Richtige für Sie! Kochbücher sind lösungsorientierte Ratgeber mit dem unverkennbaren Aufbau »Problem – Lösung – Diskussion«. Jedes Kochbuch enthält Hunderte von Skripten, Programmen und Befehlssequenzen, die bei der Lösung handfester Probleme hilfreich sind.

O'Reilly von Kopf bis Fuß → *www.oreilly.de/headfirst/*

Lernen widerfährt einem nicht einfach so. Lernen ist etwas, was Sie tun. Lernen heißt, neue Gedankenwege zu begehen, Brücken zwischen vorhandenem und neuem Wissen zu schlagen, Muster zu erkennen und Tatsachen und Informationen in Wissen umzusetzen (besser noch, in Erkenntnis). Diese Lernphilosophie haben wir in einer Buchreihe umgesetzt – lassen Sie sich von Kopf bis Fuß begeistern!

o'reillys basics → *www.oreilly.de/basics/*

Sie suchen eine verständliche Einführung in ein Thema, wollen aber keine Zeit mit Trivialem vergeuden? o'reillys basics sind fundierte und doch kompakte Einführungen für all jene, die schnell das Wesentliche über ein Thema erfahren wollen. Im Mittelpunkt stehen reale Aufgaben und praxistaugliche Lösungen: Wissen, das Sie sofort praktisch anwenden können, verständlich und nachvollziehbar beschrieben.